KB030816

이직혁명

나의 몸값을 10배 성장시키는 이직 프로젝트

이직 혁명

초판 1쇄 인쇄 2022년 3월 15일
초판 1쇄 발행 2022년 3월 22일

지은이 이창현

발행인 백유미 조영석
발행처 (주)라온아시아
주소 서울특별시 서초구 효령로 34길 4, 프린스효령빌딩 5F

등록 2016년 7월 5일 제 2016-000141호
전화 070-7600-8230 **팩스** 070-4754-2473

값 16,000원
ISBN 979-11-92072-37-1 (03320)

※ 라온북은 (주)라온아시아의 퍼스널 브랜드입니다.
※ 이 책은 저작권법에 따라 보호받는 저작물이므로 무단전재 및 복제를 금합니다.
※ 잘못된 책은 구입하신 서점에서 바꾸어 드립니다.

라온북은 독자 여러분의 소중한 원고를 기다리고 있습니다. (raonbook@raonasia.co.kr)

이직혁명

이창현 지음

RAON
BOOK

프롤로그

'지금 다니고 있는 회사보다 더 좋은 회사로 옮기고 싶다.'

'팀장도 맘에 안 들고 일도 재미없는데 이직이나 해볼까?'

'연봉을 올리려면 이직하는 게 좋겠지?'

'앞으로 안정적으로 오래 회사를 다니려면 어떻게 해야 할까?'

'이직한다고 뭐 달라질 게 있을까? 괜히 더 고생하는 건 아닐까?'

'이직하면 새로운 회사에서 적응하기 어렵지 않을까?'

'지금 경력을 갖고 이직하는 것이 가능할까?'

'이직 준비가 필요하다고 하는데 뭘 어떻게 해야 하지?'

'그래도 다니던 곳이 낫지 않을까?'

위 내용은 많은 직장인이 흔히 하는 고민들이다. 평생직장이라는 개념은 사라진 지 오래되었다는 것에 대부분이 동의할 것이다. 그러나 "그럼 우리는 앞으로 어떻게 해야 하는가?"라는 질문에 깊이 있게 고민하는 사람은 생각보다 많지 않다. 평생직장이 사라졌다는 화두 하나만으로도 머리 아파 죽겠는데 거기에 4차 산업혁명과 코로나19

까지 생겨나면서 도저히 정신을 차릴 수 없을 만큼 세상이 급변하고 있다.

지금까지는 급격한 변화가 생기더라도 어느 정도 적응하는 데 필요한 유예기간이 주어졌다. 그러나 이번 변화는 우리에게서 대비할 시간을 빼앗아버렸다. 강력한 바이러스는 우리 생존을 위협하고 일상생활을 영위하지 못하게 만들었다. 적응할 시간을 두고 사정을 봐주면서 시스템을 바꾸는 것이 아니라 일단 싹 바꾸고 적응하는 것은 사람들의 몫이 된 상황이다.

특히 코로나19는 회사 생활의 많은 부분을 변화시켰다. 모든 업무는 디지털화되어 클라우드를 통해 진행되고, 대면으로 이루어지던 과정은 이미 온라인 화상회의, 재택근무 시스템으로 바뀌어가고 있다.

과거에는 하나만 잘하면 됐다. 그러나 지금은 어느 기업이나 하나 이상의 능력을 갖춘 융합형 인재를 원한다. 이 사실 또한 많은 이들이 알고 있으나 모든 기업이 공통적으로 원하는 인재가 되기 위해 어떤 준비를 해야 하는지 아는 사람은 많지 않다. 사회가 계속해서 급변하고 있기 때문이다.

변화의 흐름에 적응하지 못하는 사람은 뒤처질 수밖에 없다. 역사 속에서 절대 무너지지 않을 것 같았던 제국들도 시대의 변화를 역행하고 기존 관습과 시스템을 고수하려는 순간 몰락의 길을 걸었다. 기업들은 지속적인 성장을 위해 비효율적인 관행과 시스템을 개선하고 있다. 그에 맞춰 직장인도 변화해야 한다. 현실에 안주하고 변화를 따라가지 못하는 것은 정체하는 것이 아니라 퇴보하는 것이다.

지금까지 회사는 뽑은 책임이 있기 때문에 회사에 심각한 손해를 끼치지 않는 이상 승진시키지 않더라도 내보내는 것은 조금 부담스러워하는 추세였다. 하지만 지금은 달라졌다. 코로나19 이후 증가한 재택근무와 온라인시스템 덕분에 각 개인의 업무 역량과 성과를 디지털화, 숫자화한다. 이제 다른 팀원들의 실적에 묻어가는 사람들이 표면에 드러나기 시작했다. 직원 개개인의 실적과 업무 능력을 회사가 좀 더 세밀하게 파악하고 있는 시대가 온 것이다.

우리는 시대와 사회 변화에 민감하게 반응해야 한다. 그리고 그런 변화를 어떻게 받아들이고 적응해야 할지에 대해 진지하게 고민해야만 하는 상황에 직면해 있다. 지금도 많은 직장인이 정규직, 비정규직, 계약직 등 다양한 모습으로 회사에서 일하고 있다. 과거 직장인의 모습과 지금 현재 직장인의 모습은 많이 다르다. 생각하는 방식부터 옷차림까지 많은 차이가 있다. 20여 년 가까이 사회생활을 해오면서, 특히 헤드헌팅과 커리어 컨설팅을 하면서 다양한 직무와 연령, 경력을 가진 사람들과 대화할 기회가 많다 보니 그들의 생각과 고민이 어떻게 변해가는지 알 수 있었다.

직장인에게 커리어 개발은 하느냐 마느냐 선택의 문제가 아니라 반드시 해야 하는 필수사항이다. 그리고 이직은 커리어 개발과 성장에 터닝 포인트가 될 수 있는 중요한 과정이다. 개인의 역량을 개발하고 성장시킬 수 있는 생산적이고 발전적인 이직을 하느냐, 단순한 연봉 상승이나 근무조건의 변화만을 위한 이직을 하느냐는 앞으로 성공적인 커리어를 만들어나가는 데 핵심 포인트가 될 것이다.

이 책에서 나는 포스트 코로나 시대를 살아갈 직장인들이 가장 궁금해하며 관심 있는 '이직'에 대한 질문과 그에 대한 답과 함께, 어떻게 자신의 커리어를 개발하고 만들어가야 하는지에 대한 확실한 방향성을 제시하고자 했다. 또한 '왜 이직을 해야 하는가?'와 같은 근원적인 질문에 대한 답변부터 헤드헌터와 커리어 컨설턴트로서 현업에서 활동하면서 습득한 구체적이고 현실적인 이직 준비 노하우와 인사이트까지 모두 풀어놓고자 힘썼다. 모쪼록 많은 이들이 코로나19 이후 변화된 사회에서 기업이 원하는 인재의 모습을 정확하게 파악해 자신의 커리어를 개발하는 방법에 대한 단초를 얻고, 이를 바탕으로 원하는 회사로 이직할 때까지 이직 활동을 지속해나갈 수 있는 원동력을 갖게 되길 희망한다.

직장인에게 이직은 어떤 의미고 왜 이직을 준비해야 하는지, 최적의 이직 타이밍은 언제이며 어떤 회사에 어떤 방식으로 이동해야 자신의 커리어와 안정된 경제생활을 모두 보장받을 수 있는지, 이 책은 직장인이라면 누구나 빠져 있는 이 같은 고민과 갈등의 미로에서 선명한 길을 찾을 수 있도록 도와줄 것이다.

나의 경험과 현장의 이야기들이 빠르게 변화하고 데이터와 실적으로 평가받는 현시대에 적응하고 살아가야 하는 직장인들의 성공적인 커리어 관리에 도움이 되길 바란다.

이창현

차 례

프롤로그 … 4

1장 이직은 선택이 아닌 필수다

코로나19, 채용 시장에 변화를 가져오다 … 15

100세 시대, 진로 지능으로 무장하자 … 23

경력직 채용은 어떻게 이루어지는가? … 30

2장

현직 관리가 곧 이직 관리다

취업과 동시에 1, 3, 5년 플랜을 짜라 … 41

경력기술서에 쓸 수 있는 핵심역량을 찾아라 … 48

지속적인 자기 계발을 실행하라 … 54

평판 조회에 대비하라 … 60

현직의 경력을 업데이트하고 업그레이드하라 … 68

조직 내 인간관계는 왜 중요할까? … 74

3장

쉬운 이직 그러나 어려운 성공

시드 커리어를 만들어라 … 91

저렴한데 질까지 좋은 차는 없다 … 97

목표 없는 이직은 퇴직으로 이어진다 … 103

갈아탈 회사와 갈아탈 타이밍을 잡아라 … 111

커리어 리셋은 오늘의 희생을 요구한다 … 120

이직 후 3개월간 워라밸은 잊어라 … 126

4장

실전에서 바로 써먹는 이직의 기술 12가지

이력서 올리는 노하우 … 139
공백기를 최소화하라 … 146
징검다리 이직을 활용하라 … 154
경력기술서는 핵심역량 위주로 써라 … 162
데이터와 텍스트의 조화가 생명이다 … 176
자기소개서는 간결하게 … 183
합격하는 면접 vs 제 살 깎아 먹는 면접 … 189
나에게 유리한 면접 상황을 만드는 법 … 198
면접 시 '굳이' 후보자가 되지 마라 … 206
연봉 상승 전략을 수립하라 … 214
경력별 이직 전략 … 222
현명한 퇴직 방법, 퇴사 절차 … 232

5장

헤드헌터 사용설명서

헤드헌터를 이직 파트너로 활용하라 … 241
헤드헌터와 함께 이직 첫걸음 떼기 … 248
포기하지 마라, 더 좋은 이직 기회가 찾아온다 … 258

Q&A 이직할 때 이런 것이 궁금해요! … 264

1장

이직은 선택이 아닌 필수다

코로나19,
채용 시장에 변화를 가져오다

포스트 코로나 시대 채용의 특징

코로나19는 우리 삶 전반에 큰 변화를 가져왔다. 이는 직업의 개념을 바꾸어놓을 뿐 아니라 채용 시장의 판, 더 나아가 우리가 가지고 있던 직장에 관한 생각에 일대 전환을 가져왔다. 특히 직장인 또는 취준생들은 그 어느 때보다도 생활 패턴의 큰 변화를 겪었다. 채용 규모와 방식에서부터 일상적인 근무 환경에 이르기까지 전에 없던 변화와 새로운 상황을 맞이하게 되었기 때문이다.

특히 과거 정형화된 스펙 위주의 인재 선별 방식이 다양한 평가 기준을 사용하는 수시채용 방식으로 바뀌면서 기존 전략으로는 성공적으로 이직하기 어려워졌다. 기업이 선호하는 인재는 기존의 인재상에서 확연히 달라졌고, 변화에 적응하는 개인과 변화를 받아들이지 못하고 정체된 개인의 격차는 점차 심화되고 있다.

각자 트렌드를 읽고 그에 적응하려는 노력이 무엇보다 필요한 시기다. 21세기에는 함께 비즈니스 그림을 그리고 위기를 넘어서며 실질적인 대안을 제시하고 함께 실행하는 사람만이 4차 산업혁명 시대에 성공적으로 살아남을 것이다.

원격 온라인 채용의 확대

온라인 지원은 예전부터 진행되어왔지만 코로나19로 인한 채용 변화 중에 가장 눈에 띄는 것이 바로 화상 면접이다. 과거 면접은 정장 또는 비즈니스 캐주얼 복장을 입고 자신이 지원한 회사에 방문해 면접관들과 대면하면서 진행했다. 하지만 코로나19로 인해 근무하는 사람들도 출근하지 않기 때문에 면접 또한 온라인으로 진행하게 되었다.

온라인 화상 면접은 공간의 제약이 없다는 것이 가장 큰 특징이다. 노트북 하나만 있으면 줌(Zoom), 구글 미트(Google Meet), MS 팀스(MS Teams) 등 다양한 플랫폼을 사용해 면접이 가능하다. 노트북이 없는 경우 스마트폰을 사용할 수도 있다. 덕분에 회사에서 근무하면서 잠깐 1시간 정도 시간을 내서 면접을 볼 수도 있고 채용 기업의 면접관과 협의해서 퇴근 이후에도 볼 수 있는 것이 가장 큰 장점이다.

단점으로는 아직은 오프라인에 익숙해져 있기 때문에 화면으로 다른 사람을 평가하고 판단하는 데 어려움이 있다는 점이다.

하지만 이제는 지원자와 면접관 모두 일정 기간 동안 경험치가 쌓였기 때문에 화상 면접에 큰 어려움은 없을 것이라 생각된다.

재택근무의 일상화

코로나19로 인해 어쩔 수 없이 재택근무를 실행했던 기업들이 바이러스가 종식된다 해도 재택근무의 비중을 늘리겠다는 뉴스를 자주 볼 수 있다. 재택근무 도입 초반에 걱정이 많았던 업무 효율성이나 성과 관련 결과물이 나쁘지 않기 때문이다. 게다가 사무실 운영비용도 절감할 수 있기 때문에 기업 입장에서는 손해 볼 것이 없다.

이제는 많은 직장인이 집에서 일하는 것에 적응했기 때문에 어떤 사람은 이직의 조건으로 재택근무를 얼마나 자주 하는지 확인하기도 한다. 다양한 직장인을 소개하는 TV 프로그램을 보더라도 회사에 나와서 근무하는 사람과 집에서 근무하는 사람의 비율이 비슷하거나 오히려 재택근무자가 더 많은 경우도 있다.

기업들이 재택근무를 효율적으로 활용하기 위해 온라인 회의 시스템을 갖추고 회의록 작성과 같은 부가적인 기능도 발달시키면서 이제는 장소의 제약이 사라지고 있는 상황이다. 아마도 재택근무를 하게 되면서 조직원들의 업무 역량이나 근무 태도, 성실도와 같이 다양한 지표의 데이터들이 기업의 데이터베이스에 많이 축적되었을 것이다. 회사에서 마주치고 인사하면서 평가되는 정성적인 부분이 줄어들고 각 개인별로 명확하게 드러나는 성과로 그 사람이 평가되는 시대가 도래한 것이다.

기업들이 원하는 인재상의 변화

과거 기업들이 원하는 인재상은 회사에 대한 소속감이 높고 책임감이 강해서 전체를 위해 자신을 희생할 수 있는 사람, 거기에 더해 창의적이고 열정적인 사람이었다. 하지만 코로나19 이후 급격하게 변화하는 경제 상황에 따라 새로운 모습의 인재를 선호하기 시작했다.

무엇보다 크게 달라진 것은 원하는 인재상의 키워드가 과거에 비해 상당히 구체적으로 변화되었다는 점이다. 열정, 창의성, 리더십, 도전 정신과 같이 적용 범위가 넓은 단어보다는 문제해결 능력, 위기 대응 능력, 소통 능력과 같이 현재 기업 업무에서 가장 필요한 능력의 중요도가 높아졌다.

취업 포털사이트 '사람인'에서 2021년 기업 316개사를 대상으로 '코로나 시대 인재상 평가'에 대한 설문조사를 했는데 이를 통해 기업들이 경제 상황을 바라보는 시각과 어떤 사람을 채용하고 싶어 하는지 알 수 있다.

중요도가 낮아진 인재상의 첫 번째는 '도전 정신'이다. 지금과 같이 어려운 상황에서는 새로운 것에 도전하고 몸집을 키우기보다는 현재 상황을 유지하고 버티는 것이 중요하다는 의미라고 볼 수 있다. 중요도가 높아진 인재상 1위는 '책임감'이다. 힘들고 어렵지만 자신의 자리에서 벗어나지 말고 열심히 담당 업무를 하면서 미래를 준비하라는 의미이기도 하다.

변화된 환경, 변화된 자세가 필요하다

새로운 회사에 입사하게 되면 업무 협업 측면뿐만 아니라 정서적인 측면에서도 기존 사람들과 관계 설정을 어떻게 하느냐가 상당히 중요하다. 이 과정은 새로운 환경에 적응해 제대로 업무 성과를 만들어내기 위해서 반드시 필요하다.

과거에는 경력 사원이 입사하면 환영회도 하고 다른 팀 사람들과도 안면을 익히면서 적응하는 기간을 가질 수 있었다. 업무 이야기와 더불어 가벼운 주제의 대화를 통해 새로운 업무 환경에 익숙해질 수 있었던 것이다.

하지만 이제 상황이 바뀌었다. 면접도 온라인으로 보고, 입사하더라도 회사 사람들의 상당수가 재택근무를 하고 있기 때문에 화면으로 인사하고 업무를 진행해야 한다. 회사 동료들과의 관계를 만드는 데 과거의 방식을 사용할 수 없는 상황이 된 것이다. 결국 이런 상황을 인식하고 이에 맞춰서 온라인 협업을 위한 커뮤니케이션 능력을 키우고 업무 성과를 만들어내야 회사에서 인정받고 다른 사람들과도 적절한 관계를 맺는 것이 가능해질 것이다.

2021년 여름에 외국계 금융기업에 경력직 프로그래머로 입사하게 된 P 대리는 세 차례에 걸친 면접 중 두 번을 화상으로 진행했다. 대표 면접만 대면으로 진행했고 오퍼 승인과 입사 관련 절차는 온라인으로 진행되었다. 업무에 필요한 IT 기기는 집으로 받았고 SW(Software)팀은 거의 모든 사람이 재택근무를 하고 있어서 입사한 첫날 온라인으로 팀원들을 처음 보게 되었다. 환영한다는 짧은 인사 뒤에 바로 업무 관련 회의가 진행되었고, 메일로 인수인계 관련 파일을 받고 업무를 시작했다.

이러한 모습은 비단 P 대리만의 일상이 아니다. 앞으로 많은 기업으로 점차 확대될 것이다. 우리는 이런 상황에 익숙해질 필요가 있다.

당신의 커리어에 변화구를 가져오자

경력 중간에 직무를 바꾸는 것은 상당히 어려운 일이다. 그러므로 처음 시작이 중요하다는 말을 많이 하는데, 틀린 말은 아니다. 하지만 세상의 변화 속도가 과거와 비교할 수 없을 만큼 빨라지는 지금 시대에 적응해 살아남기 위해서는, 출발한 다음에도 현실에 안주하려 하지 말고 항상 미래에 대한 대비책을 세워두려는 노력이 필요하다.

과거에는 신입으로 입사해서 직무를 배정받게 되면 퇴직할 때까지 그 업무를 이어서 하는 경우가 대부분이었다. 회사의 필요에 따라 조직개편을 통해 다른 팀으로 갈 수는 있지만, 그래도 재무회계, 인사, 구매, 기획과 같이 자신의 고유 업무를 바꿔서 완전히 새로운 일을 하지는 않았다. 하지만 이제는 변화가 필요하다. 다니는 회사가 어떻게 바뀔지 모르고, 그 안에서 나의 위치가 어떻게 변화할지 모르기 때문에 스스로의 역량을 키우는 일이 무엇보다 중요한 시대가 온 것이다.

4차 산업혁명, 온라인과 디지털 트랜스포메이션처럼 시대를 관통하는 거창한 개념과는 별개로, 우리는 직장인으로서 앞으로 자신의 경제 수명을 늘리기 위한 각각의 노력이 선택이 아닌 필수인 세상에 살고 있다. 지금 하는 일과 전혀 상관없는 직무에 대한 공부와 자격증을 취득해야 한다는 말이 아니다. 확장성이 필요하다는 뜻이다.

우선 현재 어떤 직무를 하더라도 기본적인 IT 관련 지식과 시스템에 대한 이해가 부족해서는 제대로 된 성과를 만들어내기 힘들다. 최근 삼성전자가 모든 신입 사원에게 SW 기본 교육을 실시하기로 했다는 것과 같은 맥락이다. IT 관련 인력이 부족하다는 이야기가 계속 나올 정도로 여러 기업에서 IT 관련 인력을 채용하는 이유가 바로 여기에 있다.

회사의 거의 모든 직무는 온라인과 시스템을 기반으로 개편되고 움직이고 있다. HR 담당자라고 인사 업무만 하는 것이 아니다. 시스템을 도입하고 운영하는 데 가지고 있는 HR 전문 지식을 투영해서 디지털 HR 전문가, HR 시스템 구축 전문가와 같이 자신을 포지셔닝하려는 노력이 필요하다.

지금은 디지털과 ESG(Environmental, Social, Governance)의 시대다. 그러므로 이제는 어떤 직무에 종사하더라도 디지털과 ESG와 관련한 내용을 알지 못하면 최신 트렌드에 뒤처지게 될지 모른다. 결국 이런 변화의 시대에 맞는 방향성을 제시할 수 있는 인재가 되기 위한 노력은 필수적이다. 기업이 나아가고자 하는 방향에 적합한 인재도 필요하지만, 그것을 넘어서 기업의 방향성에 대한 다양한 방법을 제시할 수 있는 사람의 가치는 더욱 높아진다는 사실을 명심할 때다.

100세 시대,
진로 지능으로 무장하자

말로만 듣던 100세 시대

2021년 12월 9일, 통계청이 발표한 '장래인구추계(2020~2070)'를 살펴보면 2070년에는 65세 이상 고령층이 우리나라 전체 인구에서 46.4%를 차지할 전망이라고 나온다. 우리나라 국내 인구 두 명 중 한 명이 노인이라는 말이다. 통계청은 대한민국의 중위연령도 발표했는데, 2014년에는 40세를 넘어선 데 이어 2017년에는 42세로 높아졌고, 2031년에는 50세를 넘을 것으로 추정됐다. 이 통계 수치는 말로만 듣던 100세 시대가 진짜 코앞에 닥쳤다는 것을 알려준다.

이제 대기업에서는 30대 임원이 생겨나고 있다. 최신 트렌드를 선도하는 기업들의 임원들 역시도 대부분이 40대다. 이처럼 사회가 인정하는 나이는 점점 젊어지고 있다. 그리고 우리가 직장 생활을 할 수 있는 나이 또한 점점 낮아지고 있다.

평균 수명이 계속 늘어남에 따라 일을 해서 먹고살아야 할 기간도 늘어나야 한다. 그런데 일할 수 있는 기간은 줄어들고 있다. 게다가 이런 현실을 극복할 방법은 온전히 개인이 알아서 찾아야 한다. 엄혹하지만 분명한 현실이다.

100세 시대에 자신의 경제 수명을 늘리고 안정적인 경제활동을 위해서 내가 강조하는 역량은 '진로 지능'이다. 나는 진로 지능에서 가장 중요한 3가지로 '온전한 개인 역량', '소통력', '직업력'를 꼽는다. 확실한 자신만의 업무 능력을 개발하고, 자신만의 잡(Job)을 가지고 다른 사람과 차별화된 업무 스킬과 변화된 업무 환경에 적응할 수 있는 능력을 갖추기 위해서는 진로 지능을 높이고자 부단히 노력해야 한다.

재능을 숨길 수 없듯 무능도 숨길 수 없는 시대

앞에서 나는 포스트 코로나 시대, 바뀐 사회와 환경의 변화에 적응하는 사람만이 살아남을 수 있다고 말한 바 있다. 기존의 근무 방식이 많이 바뀐 것은 물론이고 채용 방식과 사내 네트워크, 조직 문화 등 전반적인 시스템이 전격적으로 바뀌었다.

이미 많은 기업이 유연근무제를 도입해서 전통적인 9 to 6 업무 시간이 해체된 지 오래다. 게다가 코로나19의 여파로 원격근무(재택근무)와 비대면 업무 방식은 이제 거의 모든 사무직 사업장에서 자리를 잡아가는 추세다.

직장에서 재택근무가 익숙해지면서 가장 눈에 띄게 변화한 것이 있는데, 바로 각 개인의 역량이 있는 그대로 드러난다는 점이다. 기존 사무실 업무 환경에서는 팀별로 업무를 진행하고 업무 성과를 도출했기에 능력이 조금 부족해도 팀 안에서는 살아남을(?) 여지가 있었다.

그러나 이제는 재택 원격근무가 일상화됨에 따라서 팀에서 동일한 시간에 함께 작업하더라도 각 개인별로 정확히 업무를 정해주고 달성도를 확인할 수 있는 시대가 됐다. 소위 '묻어갈 수 있는 가능성'이 사라지게 되었다. 이제 더 이상 무능력자는 숨을 곳이 없어진 셈이다.

과거에는 승진 대상자가 자격 미달이거나 누락의 위기에 놓일 경우 상급자가 팀 실적을 조정해 탈락자를 승진시켜주기도 했다. 그러나 이제는 그렇게 할 수도 없고 그렇게 하려고 하지도 않는다. 왜냐하면 거의 모든 업무 내용과 성과는 디지털, 온라인 플랫폼을 통해 투명하게 공개되고 평가받게 될 것이기 때문이다. 게다가 각 개인은 자기 자신의 역량을 통해서만 업무 성과를 낼 수 있기 때문에 혼자 진행하는 독립적인 업무들이 증가할 것이다.

독립적 업무 역량을 키운 사람은 이직 시장에서도 확실하게 가치를 인정받을 수 있다. 공정성이 증가하면서 각자의 업무 능력과 성과가 명확해진 시기이므로 스스로의 가치를 증명하지 못하면 조직에서 살아남는 일이 어려워졌다. 현재 하는 일이 없이 책임자의 자리에 있는 사람들은 이제 역사의 뒤안길로 사라지게 될 것이다.

여전히 중요한, 어쩌면 더 중요해진 '소통력'

업무 환경이 변한다고 해도 직장인이 보유해야 할 필수 불가결한 역량이 있다. 바로 '소통력'이다. 과거에는 위에서 지시하면 밑에서 그대로 실행하는, 상명하복으로 대변되는 '리더에 의한 일방적 소통 방식'이 주를 이뤘다. 최근에는 수평적 조직문화 속에서 팀장과 팀원 간의 쌍방향 소통 방식이 트렌드를 주도하고 있다. 특히 코로나19로 인해 원격근무가 일상화되면서 이런 트렌드는 더욱 가속화되고 있다.

비대면으로 의사소통을 진행하는 방식은 대면 소통 방식에 비해 언어 외적인 신호를 제대로 포착할 수 없다는 특성을 가지고 있다. 즉 분위기를 파악하는 데 어려움이 있다. 그러므로 상대와 유연하게 논의를 이끌어가고, 갈등을 조정하고, 회의에서 주도적인 역할을 통해 생산적인 합의를 도출하기 위해서는 무엇보다도 감정을 최대한 배제하고 데이터와 자료에 근거한 커뮤니케이션 스킬이 필요하다.

상대방을 설득하기 위해서 자신의 직급, 직책을 무기로 삼거나 감정에 호소하기 어려워졌다. 누군가가 나에게 도움을 청할 때 직접 찾아와서 부탁하면 거절하기가 조금 부담스러울 수 있는데, 이제는 직접 만날 일이 점점 줄어들 것이다. 같은 사업부에 새로 입사한 사람도 화면으로 만나는 일이 일상이 되고 있다.

소통력은 온라인 비대면 업무 환경에서도 실제 대면해서 업무하는 것과 같은 소통 능력을 보유하는 것이다. 회사 업무는 같은 조직 내 다른 팀 또는 협력 업체와 협업해야 하는 것이 대부분이다. 이제는 실제 만나서 회의를 통해 업무가 진행되기보다는 온라인으로 자료를 교환하고 화상 플랫폼을 통해 협업이 이루어지기 때문에 이러한 환경에서의 소통 역량을 키워야 한다.

화상회의에서 자신의 의견을 잘 전달하기 위해서는 짧고 간결한 말투를 사용해야 한다. 화면으로 보이는 상대방의 얼굴에서 감정 변화를 파악하고 대화의 분위기를 감지할 수 있어야 한다. 그래야 원하는 결과를 끌어낼 수 있다. 앞으로 소통 능력은 언변과 화술에 의존하는 것이 아니라 간결하고 명확한 텍스트와 확실한 데이터에 기반해서 결정될 것이다.

직장보다 '직업'

온전한 개인 역량, 소통력에 이어 진로 지능에서 필요한 덕목은, 내가 '어느' 회사에 다니는 사람인가 하는 것보다 내가 '무슨' 일을 하는 사람인가다. 아직까지 이직 시장에서 그 사람이 어느 회사에 재직 중인지는 굉장히 중요한 고려 요소다. 이름 있고 성장하고 있는 회사에 다니는 사람은 그것 자체로도 업무 능력이 있다고 생각하기 때문이다.

하지만 이제부터는 개인의 업무 과정과 성과가 기록으로 남는 시기다. 아무리 대기업에 있던 사람이라 하더라도 단순히 그것 하나만으로 이직에 성공할 수는 없다. 기업들도 다양한 면접 방식을 도입해서 짧은 시간 안에 지원자의 역량을 확인하는 데 주력하고 있다.

대표적으로 IT SW 개발 직군은 면접에서 자신의 코딩 실력을 보여줘야 한다. 예전에는 과제를 주고 온라인으로 답변을 제출하는 방식이었으나 최근에는 2~4시간 동안 실제 개발 업무 능력을 보여줘야 하는 라이브 코딩 테스트를 진행하는 기업이 늘어나고 있다. 높은 연봉과 많은 사람이 가고 싶어 하는 기업은 예외 없이 이런 테스트를 통과해야 입사할 수 있는데, 많은 개발자가 이 테스트를 통과하지 못한다고 한다.

그리고 대기업 출신을 무조건 선호하지 않는다. 최근 급격한 성장을 보이고 있는 회사들은 오히려 대기업 출신보다 스타트업 출신을 선호하는 경향을 보인다. 잘 짜여진 시스템 안에서 좁은 업무 범위를 가진 전문가보다는 오히려 다양한 업무 수행 능력을 갖추고 비대면 원격근무 환경에 잘 적응하는 사람이 성과가 좋다고 생각한다.

Si vis pacem, para bellum(평화를 원한다면 전쟁을 준비하라).

위 문장은 4세기경 로마의 귀족이 작성한 《군사론》에 나온 표현이다. 안정적이며 높은 연봉을 받고 오랫동안 회사 생활을 하고 싶다면, 현실에 안주하지 말고 항상 경제 및 기업 환경 변화에 적응하고 트렌드를 감지해서 자신의 역량을 키우려고 지속적으로 노력해야 한다.

경력직 채용은 어떻게 이루어지는가?

경력직 이직 절차

경력직 이직은 신입 채용과 절차상 큰 차이는 없다. 또한 헤드헌터를 통해 지원하는 것과 직접 공고를 통해 채용팀으로 지원하는 것도 마찬가지다. 일반적인 절차는 채용 공고를 통해 필요 서류를 접수하는 것으로 시작된다. 접수된 서류를 검토해서 면접 대상자를 선별한다. 면접은 대부분 2~3회 정도 진행한다. 포지션과 채용 기업의 문화에 따라서 3회 이상 진행되는 경우도 있다.

1차는 실무팀장이 면접관으로 나와서 지원자의 실제 업무 능력과 성과에 대해 검증하고 같이 일할 수 있는 사람인지에 대해 결정하게 된다. 1차를 통과하면 2차는 임원 면접이다. 임원은 내가 가고자 하는 사업부를 책임지는 임원과 유관 부서 임원, 인사 부문 임원이 주로 진행한다. 면접관은 주로 복수로 배석한다. 2차 면접까지 통과했으면 실질적인 면접 과정이 끝이 났다고 봐도 무방하다.

3차는 대표이사 면접인데 팀장급이나 복수의 지원자가 있다면 탈락 가능성이 있지만 그렇지 않다면 실무진의 의견을 존중해서 반대 의견을 내는 경우는 많지 않다. 물론 기업문화나 대표이사의 성향에 따라 변수는 존재하기 때문에 안심해서는 안 된다. 외국계 기업의 경우는 1차 인사팀, 2차 외국인 상사, 3차 대표이사로 진행되기도 한다.

면접이 마무리되면 연봉 협상을 진행한다. 사전에 확인된 희망 연봉과 현재 연봉을 기초로 입사하게 되면 받게 될 연봉과 직급, 직위에 대한 협의를 한다. 이때쯤이면 입사 일정에 대한 대략적인 의견 조율도 함께 이루어진다. 지원자가 최종 오퍼를 받아들이게 되면 근로계약서를 작성하고 재직 회사에 사표를 제출한다. 그다음 입사 예정일에 맞춰 입사하게 되면 이직 과정이 마무리된다.

현재 경력직 채용 방식

기업에서 경력직을 채용하는 방식은 다양하다. 여러 채용 방식 중에서 기업이 어떤 채용 방식을 선호하고 사용하고 있는지 알고 있으며 각 방식에 대한 특성을 이해하고 있다면 이직 활동에서 다른 사람들보다 분명히 한발 앞설 수 있다. 대부분의 기업은 최대한 우리 기업에 적합하고 업무 능력이 뛰어난 사람들을 채용하기 위해 하나의 채용 방식만 고수하지 않고 최소한 3~4가지 이상 다양한 방법으로 채용을 진행한다. 채용 방식이 다양하면 지원자가 증가하고 그만큼 적합한 사람을 채용할 가능성이 높아지기 때문이다. 많은 지원자들이 몰리는 대기업과 스타트업은 채용 방식이 다를 수밖에 없지만 운영하는 기본적인 채용 방식에는 차이가 없다.

이직을 위해 구직자가 선택할 수 있는 방식

이직하기 위해 지원자가 선택할 수 있는 다양한 방식이 존재한다는 것을 알아두면 좋다. 선택하는 방법이 늘어난다는 것은 그만큼 이직 성공률을 높일 수 있다는 뜻이기 때문이다. 방식별로 헤드헌터나 기업의 입장을 이해한다면 자신의 상황에 맞게 이직 전략을 수립하는 데 도움이 될 것이다.

채용, 구직 사이트를 이용한다

가장 널리 쓰는 방법은 채용, 구직 사이트를 활용하는 것이다. 이직을 생각하고 있는 경력직 직장인이 자신의 이력서를 업로드해서 채용 기업 또는 헤드헌터를 통해 연락을 받는 방법이다. 또한 상당수의 기업이 인재를 채용하기 위한 채용 공고를 게시하는 공간이기도 하다. 가장 대표적인 플랫폼으로 '사람인'과 '잡코리아'를 들 수 있다.

당신이 만약 이직을 원하거나 구직을 해야 한다면 가장 먼저 해야 하는 일이 이런 채용 플랫폼에 자신의 핵심역량과 경력 사항이 잘 드러난 경력기술서를 올려놓는 것이다. 구직자 입장에서 비용이 들지 않고 접근성이 좋으며 기업의 채용팀이나 헤드헌터들이 좋은 인재를 찾을 때 사용하는 주된 플랫폼이기 때문이다. 혹시나 다니고 있는 회사에서 당신이 올려놓은 이력서를 볼까 걱정할 필요는 없다. 재직 회사 채용팀이 자신의 이력서를 확인하지 못하게 설정해놓을 수 있고 연락처 공개 여부도 정할 수 있다.

기업은 잡 포털에 채용 공고를 게시하고 지원자로부터 이력서를 직접 받거나 사이트를 통해 전달받을 수 있다. 비용적인 측면에서는 경제적이지만 회사가 원하는 구체적인 조건을 모두 게시하기는 어렵다. 그래서 허수 지원자가 많아 1차로 스크리닝을 하는데 상당한 업무 리소스가 투입된다는 단점이 있다.

사람인, 잡코리아 이외에 많은 사람이 사용하는 플랫폼에는 외국계기업 전문 사이트 '피플앤잡'과 명함관리 앱으로 유명한 '리멤버'가 운영하는 '리멤버커리어'가 있다. 피플앤잡은 외국계로 이직이나 구직을 하려는 사람들이 많이 이용한다. 외국계기업과 헤드헌팅 서비스를 진행하는 헤드헌터들이 주로 이용하는 사이트다.

리멤버커리어는 리멤버 앱을 기반으로 인재풀을 확보해 이직 제안을 받을 수 있는 서비스를 제공한다. 최근에 유입되는 사람들도 많고 인지도도 올라가는 추세다. 헤드헌터들이 특정 회사 재직 경험이 있는 사람을 찾을 때 주로 많이 사용하고 있다. 상장하면서 기업 인지도가 급상승하고 AI 매칭을 전면에 내세우고 있는 '원티드랩'도 주목할 만하다.

소셜미디어를 활용한다

과거에 비해 경력직 채용을 위해 SNS 소셜미디어를 활용하는 기업이 증가했다. 자사 공식 계정 또는 채용팀 계정을 통해 회사에서 필요한 인재의 채용 공고를 업로드한다. 비용이 많이 들지 않고 플랫폼을 사용하는 사람들 중에서 현재 이직에 적극적이지 않은 사람에게도 접근이 가능하기 때문에 역량 있는 사람들을 미리 확보할 수 있다는 장점이 있다.

이처럼 채용하는 기업들이 SNS 소셜미디어를 활용함에 따라 구직자들도 이런 트렌드에 맞춰서 SNS를 활용해야 양질의 채용 정보를 가능한 빨리 입수할 수 있다. 다른 사람들보다 채용 관련 정보를 먼저 안다는 것은 이직 과정에서 분명한 장점으로 작용할 것이다.

최근 급부상하는 사이트가 바로 '링크드인(Linkedin)'이다. 링크드인은 국내뿐 아니라 해외 취업의 길도 열려 있어, 글로벌 진출을 원하는 구직자들에겐 이미 필수인 사이트다. 외국계기업뿐만 아니라 국내 대기업부터 스타트업까지 많은 수의 기업이 자사의 홍보와 채용을 위해 공식 계정을 운영하고 있다. 각 회사의 채용 담당자가 직접 채용 공고를 개제하고 있기 때문에 관심이 가는 채용 공고를 발견하면 인사팀과 직접 연락해서 궁금한 점을 직접 확인할 수 있는 것도 링크드인의 장점이다. 만약 당신이 특정 회사로 이직을 생각한다면 지금 당장 링크드인에 가입해 원하는 회사의 채용팀과 1촌 신청을 맺어놓을 것을 추천한다. 링크드인과 유사한 포맷을 가진 한국형 링크드인이라고 불리는 '로켓펀치'는 주로 스타트업에 관심이 많은 사람이라면 활용해볼 것을 추천한다.

페이스북이나 인스타그램을 적극 활용하는 것도 좋은 방법이다. 왜냐하면 많은 기업의 채용 부서에서 공식 계정을 통해 채용 공고를 올리고 자신들의 회사를 적극적으로 홍보하고 있기 때문이다. 페이스북이나 인스타그램에서 '채용'이라고 검색해보면 많은 공고와 기업에 대한 정보를 얻을 수 있다. 지원자 입장에서는 추가적인 비용이 들지 않고 본인이 자주 활용하는 플랫폼이라 익숙하기 때문에 자주 들어가보면 잡 포털 채용 공고보다 좀 더 빠르고 정확한 채용 정보를 확인할 수 있다. 게다가 이런 계정은 채용팀이 직접 관리하는 경우가 많기 때문에 직접적인 소통을 통해 궁금한 점을 해소할 수 있다는 장점도 있다.

상시채용 인재풀에 등록하거나 내부추천제도를 활용한다

만약 당신이 특정 회사로 이직을 생각하고 있고 현재 시점에서 원하는 채용 공고가 나오지 않고 있다면 우선 그 회사 채용 홈페이지에 당신의 이력서를 등록해놓아야 한다. 왜냐하면 회사 내에서 필요한 인력이 발생하면 채용팀은 우선 회사의 채용 홈페이지를 통해 등록한 사람들을 확인하기 때문이다. 회사 인재풀에 등록한 사람은 그 회사에 관심이 있어서 자발적으로 등록한 사람들이기 때문에 회사에 대한 선호도가 높다는 장점이 있다. 그러므로 직무 적합도만 잘 맞으면 괜찮은 후보자를 빠른 시간 내에 채용할 수 있다는 장점이 있다. 이런 이유로 많은 기업이 이렇게 상시채용 인재풀을 지속적으로 관리하고 활용 중이다.

내부추천제도는 회사 직원이 필요한 포지션에 적합한 사람을 추천하는 제도다. 당연히 추천한 사람이 회사에 합격해서 입사하면 그에 따른 인센티브를 지급한다. 인센티브는 회사마다 차이가 있지만 주로 현금을 지급하는 곳이 많다. 이직을 하고자 하는 사람 입장에서는 자신이 입사할 회사에 근무하고 있는 사람이 있기 때문에 자세한 내부 사정을 확인할 수 있다는 장점이 있다.

이 2가지 방법은 주로 대기업과 같이 인원이 많은 곳이나 외국계가 많이 사용하는데, 점점 사용하는 기업들이 많아지고 있다.

헤드헌팅 서비스, 즉 서치펌을 이용한다

아마 경력직 이직을 생각하고 있는 사람들이라면 헤드헌터로부터 제안을 받아본 경험이 있을 것이다. '서치펌(Search Firm)'은 헤드헌터들이 속해 있는 회사로, 기업과 계약을 통해 기업에서 원하는 인재를 추천하는 서비스를 제공한다.

각 서치펌마다 기업의 상시채용 사이트처럼 자신의 이력서를 등록할 수 있는 사이트를 운영하고 있으므로 거기에 자신의 이력서를 등록해놓으면 다수의 헤드헌터가 확인할 수 있기 때문에 포지션을 제안받을 수도 있다. 또는 서치펌 홈페이지에서 헤드헌터 연락처를 확인하고 자신에게 적합한 포지션을 추천해줄 것을 요청하는 메일을 보낼 수도 있다. 이직과 구직을 진행할 때 가장 적극적인 방법이라 할 수 있다.

서치펌을 이용한 채용 방법은 다른 채용 방식에 비해 기업 입장에서 비용이 가장 많이 발생한다. 다만 회사가 원하는 조건을 자세하게 설명하고 적합한 후보자를 선별해서 추천받을 수 있기 때문에 이력서를 리뷰하고 스크리닝하는 데 최소한의 노력과 에너지가 소모된다. 그리고 실제 채용 시장의 최근 트렌드와 지원자들에 대한 정보를 얻을 수 있다는 장점이 있다.

과거에는 규모가 있는 회사들이 주로 헤드헌팅 서비스를 이용했지만 현재는 대기업부터 스타트업까지 상당히 많은 기업이 헤드헌팅 서비스를 이용하고 있다. 원래 팀장 이상급을 채용할 때에만 사용하는 회사들이 많았지만 현재는 다양한 직무와 직급의 경력직을 채용하는 데 폭넓게 사용되고 있다. 기업들이 서치펌, 헤드헌터를 이용한 채용 방식을 사용하고 있기 때문에 이직을 희망하는 사람이라면 될 수 있는 대로 믿을 만한 헤드헌터 한두 명과 지속적으로 교류하는 것이 필요하다.

2장

현직 관리가 곧 이직 관리다

취업과 동시에 1, 3, 5년 플랜을 짜라

취업과 동시에 이직을 준비하자

정말 어렵게 입사한 회사여도 첫 직장에서 뼈를 묻는 사람은 드물다. 그리고 적당한 시기에 적절하게 회사를 옮겨야 자신의 경력에도 큰 도움이 된다. 첫 직장에서는 적어도 2년 이상은 견딜 생각을 하는 게 좋다(이 부분은 3장 '시드 커리어를 만들어라'에서 더 구체적으로 다룰 것이다). 그렇지만 2년 그 이상의 시간을 그냥 흘려보내는 사람과 장기 이직 계획을 짜서 미리 준비하는 사람의 미래는 매우 다르다.

이직 준비는 자신의 경력과 연차에 맞춰 해야 한다. 나는 흔히 1, 3, 5년으로 플랜을 짜라고 권한다. 각 연차에 따라 처한 상황도 다르고 준비해야 할 것들이 다르기 때문이다.

이직은 전체 커리어를 만들어갈 때 가장 중요한 요소이자 직장 생활에서 주기적으로 맞닥뜨려야 하는 순환 구조를 가지고 있다.

우리가 어떤 일을 할 때 계획을 짜는 게 당연하듯, 이직도 마찬가지다. 준비하지 않고 계획을 세우지 않는 사람은 목표를 이룰 수 없다.

1년 차 직장인, 프로가 되라

신입 사원 1년 차에게 이직이나 커리어 개발은 다소 와 닿지 않는 이야기일 수 있다. 하지만 지금 이 순간이 인생 커리어의 시작이라는 생각을 분명히 해야 한다. 내가 출발하는 곳이 어디인지 명확하게 인지하고 출발하는 것과 일단 출발하고 보는 것과는 분명한 차이가 있다. 이러한 차이는 시간이 흐를수록 극명하게 나타나게 될 것이다.

1년 차는 회사 생활에 적응해서 한 사람의 직장인으로서 살아가기 위한 튼튼한 토대를 만드는 시기다. 커리어나 이직에 대한 생각을 할 수 있지만 그것보다는 프로페셔널한 직장인이 되기 위한 준비 작업에 집중해야 한다.

준비 작업에서 가장 중요한 것은 업무 역량을 키우는 것이다. 어떤 일이 주어지면 되도록 신속하고 완벽하게 처리하려는 모습을 보여줘야 한다. 신입 사원에게는 어렵거나 중요도가 높은 업무가 주어지지 않는다. 시간이 충분히 주어지고 만약 잘못되더라도 충분히 바로잡을 수 있는 수준의 일을 맡게 된다. 대부분 시장조사나 보고자료에 필요한 데이터 수집, 자료 정리와 같은 업무가 많다. 그렇기 때문에 맡은 업무에 대해 두려워하기보다는 적극적인 태도를 보여야 한다.

처음부터 일을 찾아서 하는 것은 쉽지 않다. 하지만 주어진 업무가 있다면 우선 왜 이 업무를 해야 하는지에 대해 생각해볼 필요가 있다. 그냥 하는 것과 이유를 알고 하는 것과는 분명한 차이가 존재한다. '일잘러'들의 가장 큰 특징 중 하나는 내가 하는 일의 목적에 대해 알고 있는 것이다. 모르면 물어보면 된다. 정상적인 조직이라면 신입 사원의 질문에 대해 나름대로 성의껏 답변을 해줄 것이다.

1년 차 신입 사원의 또 다른 장점은 많은 사람들과 관계를 맺을 기회가 많다는 것이다. 적극적인 태도로 열심히 뛰어다니며 일하는 신입 사원이라면 조직원들도 분명히 우호적인 태도를 보일 것이다. 이러한 인간관계는 나중에 필요한 정보를 얻을 수 있는 소스가 될 것이다.

만약 1년간 근무하면서 직무와 회사에 대한 만족도가 너무 낮다면 신입 사원으로 다시 도전하는 것도 하나의 방법이 될 수 있다. 수시 채용이 트렌드가 된 현시점에서 비록 업무 전문성은 높지 않지만 조직을 경험했고 취업에 성공했다는 사실은 분명히 플러스 요인으로 작용할 수 있다.

다만 단기간에 이직하는 것에 대한 기업의 부정적인 시각은 존재하고 그것에 대한 답변은 반드시 준비해야 한다. 기존 회사에 대한 불만이 이직의 이유가 아니라 지원하는 기업의 성장성과 직무 적합도를 적극적으로 언급해서 조기 이직에 대한 기업의 의구심을 없애려는 노력이 필요하다.

3년 차 직장인, 구체적으로 파고들어라

3년 차에 접어들면 이제 그 회사에 완전히 적응했을 것이다. 처음에는 서투르고 실수했던 일들도 이제는 여유를 가지고 문제없이 처리할 수 있는 수준이 된 것이다. 일반적으로 한 사람이 회사에 입사해서 3년 정도 지나게 되면 입사 초에 비해서 업무 숙련도도 높아지고 소위 말해서 일이 손에 익게 된다. 지금까지는 위에서 지시한 업무를 처리하는 데 정신이 없었지만 이제는 일하면서 주위를 돌아볼 수 있는 여유를 가지게 된다.

이때가 되면 당연히 이직과 경력에 대해 진지한 고민을 하게 된다. 지금 내가 하는 일이 경력에 도움이 되는지, 내가 다니고 있는 회사를 좀 더 다녀야 할지 아니면 이직 활동을 하는 것이 맞는지 경력에 대한 구체적인 답을 찾기 시작하는 시기라고 할 수 있다.

이 시기에는 지금까지의 경력을 토대로 직무를 바꾸거나 재직 회사의 산업군을 변경하는 것처럼 조금 더 구체적인 커리어 개발 계획을 세워야 한다. 직무를 변경하는 것이 쉽지는 않지만 그렇다고 불가능하지도 않다. 3년간 업무 경험을 토대로 성장 가능성이 높은 직무를 찾았다면 조금 리스크가 있다 해도 과감하게 도전해 보는 시도도 필요하다.

예를 들어 식품회사에서 OEM 제품을 담당했던 SCM 팀원이 온라인 이커머스 식품 MD로 지원하거나 자신의 주력 제품군을 생산하는 회사의 브랜드 매니저나 마케팅 직무로 전환도 가능하다. 또는 인사와 총무 업무를 같이 했던 사람은 인사기획이나 자산관리, 총무 중에서 적성에 맞는 업무로 전문성을 키우는 방향으로 이직할 수 있다.

5년 차 직장인, 인정받아라

각 회사마다 직급 체계가 다르지만 5년 차는 주임이나 사원을 거쳐 대리가 된다. 대리(Assistant Manager)는 신입 사원을 벗어나서 주요 업무를 담당하게 된다. 여전히 단독으로 프로젝트를 수행하기에는 조금 버겁지만 PM(Project Manager)이나 PL(Project Leader)과 함께 일하면서 업무 역량을 발휘하는 시기가 바로 이 시기다. 중간자 입장으로 상사와 후배 사이에서 고생도 많이 하는 때이기도 하다.

일반적으로 어떤 업무에 대해 경력을 인정받을 수 있는 최소한의 시간을 3년 정도로 보기 때문에 5년 동안 성실하게 자기 업무를 처리했던 사람이라면 어디에 가더라도 그 업무에 대해서는 능력을 인정받을 수 있다. 이직 시장에서 기업들이 가장 선호하는 경력대는 5~10년 차다. 왜냐하면 그 경력대의 직장인은 업무 전문성, 회사에 대한 로열티 그리고 업무에 대한 기본적인 책임감을 갖추고 있다고 생각하기 때문이다.

5년 차 직장인이 직무를 변경하는 것은 현실적으로 어렵다. 5년이라는 시간은 스페셜리스트로 성장하는 데 충분조건은 아니라도 필요조건은 충족하기 때문에 이직을 통해 지금까지 했던 업무와 다른 업무를 담당할 기회를 잡는 것은 아주 특별한 경우가 아니면 어렵다.

커리어 개발을 위한 이직은 직무에 초점을 맞추기보다 이제는 기업을 선정하는 것이 더욱 중요하다. 5년 업무 경력을 버리고 새로운 직무를 처음부터 시작하는 것도 리스크가 너무 크고 비효율적인 경우가 많다.

이 시기 직장인은 커리어 개발 방향을 대략적으로라도 정할 필요가 있다. 성장 가능성을 우선시할 것인지 아니면 안정적으로 가능한 오래 근무할 수 있는 곳을 목표로 할지 방향성을 정해야 한다. 5년이라는 시간 동안 회사 생활을 하면서 얻은 지식과 경험을 토대로 자신이 만들고 싶은 커리어의 지향점을 1차적으로 정하는 것이 필요하다. 나중에 수정할 수도 있지만 시간이 흐를수록 방향 전환이 쉽지 않다는 것을 명심해야 한다.

당부하고 싶은 말은 연봉이나 워라밸과 같은 조건보다는 분명히 회사의 성장 가능성을 우선시해야 한다는 것이다. 자신이 창업을 하겠다는 확고한 신념과 계획이 없다면 직장 생활을 계속 유지해야 하는데 그것을 위해서 필요한 것이 무엇인지 생각해보면 답을 구하기 어렵지 않을 것이다.

단기적인 시점에서 연봉이 올라간다면 회사를 옮기는 것이 맞지만 장기적인 관점에서 보면 그 이직이 반드시 좋은 것만은 아닐 수 있다. 커리어 측면에서 보면 단기간의 최적화된 행동이 반드시 장기적인 최적화를 만들어내는 것은 아니다.

5년이 되었다고 반드시 이직을 해야 하는 것은 아니다. 현재 회사에서 담당하고 있는 업무가 향후 회사에서 핵심적인 역할을 할 것으로 예상된다면 굳이 무리해서 이직을 추진할 필요는 없다. 재직하면서 그 업무의 전문성을 좀 더 키우는 것도 훌륭한 커리어 관리가 될 수 있다.

경력기술서에 쓸 수 있는 핵심역량을 찾아라

자신이 바꿀 수 있는 영역에 집중하라

재직했던 회사와 졸업한 학교, 학과는 내가 아무리 노력한다고 해도 바꿀 수 없다. 그나마 학력은 본인의 노력으로 바꿀 수 있지만 상당한 시간과 노력이 필요하며 실제로 이직 과정에서 어느 정도의 파괴력을 가질지 의문이 들기도 한다.

그렇다면 이직에서 가장 중요한 것은 무엇일까? 바로 본인의 업무 역량이다. 이 사람이 현재 어디서 어떤 일을 하고 있는지, 지금까지 어떤 일을 해왔는지가 이직 성패의 핵심 요인이다. 이직 제안을 많이 받는 사람은 회사에서 높은 성과를 내고 있으며 성공적인 프로젝트를 수행하고 있는 사람들이다. 기업이 경력직을 채용하는 이유는 당장 우리 회사에 와서 성과를 만들어낼 것이라 기대하기 때문이다. 본인이 원하는 이직과 성공적인 경력을 만들기 위해서는 지금 일하고 있는 분야에서 두드러진 성과와 전문성을 확보해야 한다.

담당 업무를 확실하게 파악해야 핵심역량이 보인다

대기업에 근무하는 사람의 업무 범위는 넓지 않다. 시스템이 잘 갖춰져 있고 지원부서가 있어서 담당자는 자신의 업무만 처리하면 된다. 그에 비해 스타트업이나 중소기업은 인프라가 잘 갖춰져 있지 않은 경우가 많아서 한 사람의 담당자가 처리해야 하는 업무의 종류가 많다.

대기업의 구매 업무 담당일 경우 대개 단가 결정 및 원가절감, 구매 프로세스 개선과 같은 업무만 맡는다. 이외에 수입 관련 결제나 통관과 같은 지원 업무를 담당하는 팀이 따로 있으며 수입 원료를 제외한 국내 발주는 사업장에서 담당한다. 하지만 규모가 작은 기업이라면 이야기가 달라진다. 구매 담당은 업체 발굴부터 가격 결정, 발주 및 입고까지 전 과정을 처리하는 경우가 많다.

핵심역량은 따로 개발하고 만드는 것이 아니다. 자신이 현재 하는 업무에서 찾고 개발하고 만드는 것이다. 담당 업무 중에서 우선순위와 중요도 그리고 자신의 실적을 잘 나타낼 수 있는 업무 역량을 중점적으로 개발해야 한다. 다양한 업무를 처리하다 보면 분명히 자신의 성향과 잘 맞는 업무가 있다. 비슷한 업무지만 시간을 단축할 수 있다든가, 조금 더 성과를 잘 만들어낼 수 있는 업무를 찾아야 한다.

이를 위해서는 먼저 자신의 업무에 대해 확실하게 파악해야 한다. 업무의 시작과 마무리 지점에 대해 알아야 하고 유관 부서는 어떤 팀인지 그중에 누구와 함께 일을 하고 있는가에 대해 아는 것이 시작이다. 그래야 그 안에서 내가 개발하고 발전시킬 핵심역량을 찾을 수 있다. 업무 전문 지식이 부족한 상황에서는 핵심역량을 찾을 수 없고, 찾는다고 해도 그것이 본인의 커리어에 중요한 역할을 할 수 있을지에 대한 의구심을 떨쳐버릴 수 없다.

시장 트렌드는 고연봉자라도 업무 역량이 뛰어난 사람

본인의 업무에 대한 파악이 끝났다면 이제는 그중에서 자신의 주력 업무를 결정해야 한다. 주력 업무는 경력직 이직과 커리어 패스(Career Path: 직업을 선택하고 그 직업을 수행함으로써 얻을 수 있는 직무 역량과 경험을 배열한 것) 개발에 가장 중요한 역할을 담당하는 핵심역량과 직결된다.

많은 사람이 현재 하는 일에 만족하지 못하고 이직을 통해 새로운 업무를 할 기회를 찾을 수 있다고 생각한다. 하지만 현실적으로 그런 가능성은 매우 낮다. 연봉이 낮고 경험이 적은 사람보다 연봉이 조금 높아도 그 업무 경력이 높은 사람을 선호하는 것이 현재 시장의 트렌드다.

이직은 자신과 비슷한 스펙과 조건을 가진 사람들과의 경쟁이다. 온라인 마케팅 포지션에 지원하는 사람들은 대부분 온라인 마케팅 경력을 가진 사람들이기 때문에 재직 회사가 그 분야에서 유명한 기업에 재직하고 있거나 소위 말하는 학력이 좋은 사람들이 유리할 수밖에 없다. 만약 본인이 재직 회사나 학력 조건이 앞서 말한 사항에 해당하지 않는다면 철저하게 업무 중심으로 경쟁에서 이겨야 한다.

같은 업무를 하더라도 자신만의 '플러스알파'를 가지고 있어야 한다. 그것이 바로 자신의 핵심역량을 완성해줄 수 있는 주력 업무를 가져야 하는 이유다. IT SW 개발자 직무가 특히 이런 트렌드를 잘 보여준다. 비슷한 자바(JAVA) 개발자 중에 최신 사용되는 툴(Tool)을 다룰 수 있는 능력, 프론트엔드(Front-end) 개발도 가능한 사람은 백엔드(Back-end) 개발 역량이 비슷한 사람들 사이에서 경쟁력을 가질 수 있다. 또는 회계 업무 담당자 중에서 세무조사를 다수 경험했다면 세무조사에 대응해야 하는 채용 기업의 니즈에 적합한 사람이 될 수 있다. 이처럼 비슷한 업무를 하지만 그중에서 강점을 가진 업무를 가져야 경쟁에서 이길 수 있다.

데이터가 곧 실력이다

지원자의 경력기술서에 있는 핵심역량의 신뢰도를 상승시키는 가장 좋은 방법은 객관적인 지표를 함께 기재하는 것이다. '대인관계가 좋다', '조직 적응력이 좋다', '원활한 커뮤니케이션 스킬을 가지고 있다'와 같은 말은 솔직히 말해 증명하기 어렵다. 어떤 주장이 설득력이 있으려면 그 주장의 신빙성을 뒷받침할 수 있는 근거가 필요하다.

경력기술서의 성과나 실적에 대한 근거는 바로 숫자다. 자신의 성과나 일상 업무의 세부 내용을 작성하고 그에 따른 성과나 실적에 대한 근거로 정확한 숫자를 쓸 수 있다면 서류를 검토하는 사람에게 이 업무에 대해 잘 알고 실제로 수행했다는 확실한 이미지를 심어줄 수 있다.

사람들은 거짓말은 티 나지 않게 잘할 수 있어도 글을 쓸 때는 실제와 다른 내용을 쓰기 어려워한다. 특히 숫자가 그런 특성을 가진다. 매출 실적이 상승했다는 말을 쓰기는 쉽지만 정확한 금액이나 퍼센트를 기재하는 것은 어렵다. 또는 자신이 진행한 온라인 캠페인의 실적을 이야기할 때 방문자 수나 유입이 늘었다고 쓰기는 쉽지만 '전 분기 대비 몇 퍼센트 상승', '○○○명 증가'와 같은 내용은 실제가 아니라면 쓰기 어렵다. 물론 실제와 다르게 경력기술서에 쓸 수는 있을지 몰라도 면접에 가서는 결국 사실이 아니라는 것을 본인이 잘 알고 있으므로 면접관과의 대화에서 그것이 드러나게 된다.

업무 데이터화를 계속해서 고민하라

본인의 주력 업무를 찾고 핵심역량을 개발하는 일은 쉽지 않다.

직장인은 돈을 받고 일을 하는 사람이기 때문에 업무 처리하는 것만으로 하루 대부분을 소비하게 된다. 그러므로 많은 사람이 우선순위에서 핵심역량 개발하는 일을 뒤로 미룬다. 하지만 이것이 습관이 되면 시간이 갈수록 핵심역량 개발은 우선순위에서 찾아보기 힘들게 될 것이다.

늘 해오던 일상 업무라고 생각해서 기계적으로 처리하지 말고 어떻게 하면 업무를 데이터화할 수 있을지 고민해야 한다. 경력기술서에 핵심역량으로 쓸 수 있는 데이터가 무엇이 있을지 생각하면서 업무에 조금 더 집중해보라. 그러면 정리가 되고 수치화시킬 수 있는 항목을 찾을 수 있을 것이다.

오늘부터 회사에서 근무하면서 자신의 업무에 대해 파악하는 일을 시작하자. 이것을 성공하게 되면 본인 경력을 더욱 돋보이게 하는 중요한 자신만의 무기를 확보하게 될 것이다.

지속적인 자기 계발을 실행하라

직장인 로드맵은 자기 계발이다

남들보다 조금 더 좋은 조건에서 자신이 좋아하는 일을 하고 싶은 욕망은 직장인이라면 누구나 가지고 있을 것이다. 창업이라는 새로운 도전을 하는 사람도 많지만, 대다수 사람은 직장 생활을 통해 인생의 로드맵을 만들어나가고 있다.

연봉이나 복리후생, 근무조건과 같이 과거에는 그 회사 사람이 아니면 알지 못했던 사실들이 이제는 다양한 플랫폼을 통해 공개되고 있다. 물론 공개된 정보의 신뢰성에 대해서는 여전히 의심이 들긴 하지만 많은 사람이 그 정보를 이용하고 있는 것은 사실이다.

사람들이 가고 싶어 하는 포지션은 한정되어 있고 가고 싶어 하는 사람은 점점 늘어난다. 수요와 공급의 법칙에 따라 가격이 상승하듯이 이직 시장에서 사람들이 선호하는 직장이나 직무 역시 경쟁률이 올라가기 마련이다. 이런 상황에서 현재 회사에 재직 중인 우리가 자기 계발을 위해 선택할 방법은 무엇일까?

명확한 타깃 설정이 행동의 추진력이 된다

시중에서 팔리는 책 중에 가장 많은 부분을 차지하는 것이 바로 자기 계발 관련 내용 서적일 것이다. 대상도 직장인, 학생, 주부, 퇴직자 등 다양하며 내용 또한 마음가짐에 관한 내용, 습관, 주식, 부동산, 투자 등 여러 분야로 나뉘어 있다. 그만큼 많이 쓰이고 친숙한 단어지만 실제로 행동하기에는 어려운 것이 바로 자기 계발이다.

목표가 없는 행동은 추진력을 얻기 힘들다. 무엇인가를 얻거나 성취하기 위해 반드시 필수적인 간절함은 확실한 목표설정에서 나온다. 직장인 중에 자기 계발 활동을 하고 있냐고 물어보면 아마도 과반수 이상은 하고 있다고 답을 할 것이다. 만약 본인이 현재 업무 이외에 자기 계발 활동을 하고 있다고 생각한다면 다음 물음에 답을 해보길 바란다.

- 나는 어떤 목표를 위해 자기 계발을 하는가?
- 지금 내가 하려고 하는 일이 내 커리어에 도움이 되는가?
  된다면 구체적으로 어떤 부분인가?
- 자기 계발 활동을 통해 내가 얻고자 하는 것이 무엇인가?

이 3가지 질문 중 2가지 이상에 확실하게 답변할 수 있다면, 당신은 제대로 설정된 방향으로 나아가고 있는 사람이라는 증거다. 다들 하는데 나만 하지 않으면 뒤처질 것 같아서 한다거나, 요즘 이게 트렌드라고 하니 일단 해보는 사람들은 아마 셋 중에 하나도 답을 하지 못할 것이다. 이런 경우 시간은 시간대로 노력은 노력대로 투입되지만 나오는 성과는 만족스럽지 못할 것이다. 애초에 확실한 목표가 없다면 만족 여부를 파악하기도 어려울지 모른다.

회사 동료들이 찾는 '전문가'가 되라

자기 계발은 범위를 넓힌다면, 살아가면서 하는 모든 일이 될 수 있다. 직장인에게 회사 업무란 하루 중에 가장 많은 시간과 노력을 투자해야 하는 일이다. 또한 자기 자신의 가치를 가장 냉정하게 평가하는 회사라는 조직에서 살아남기 위해 반드시 능력을 보여야 한다.

만약 회사 내에서 어떤 사람이 "이 업무는 그 사람이 가장 전문가야. 잘 모르거나 판단이 서지 않을 때는 그 사람에게 물어보는 것이 좋아"라는 평가를 받는다면, 그 사람은 자신의 목표를 이루기 위해 이미 확실한 자기 계발을 해왔고 지금도 하는 것으로 볼 수 있다. 반대로 직장인에게 담당 업무에 대한 평가가 부정적이라는 말은 소위 말해서 '밥값, 돈값을 하지 못한다'는 의미이기 때문에 그 조직에서 버티는 것이 어렵다.

담당 업무 모두를 잘할 수는 없다. 하지만 그중에서 작은 부분이라도 확실하게 전문가 소리를 듣도록 자기 계발을 하는 마음으로 일에 열정을 가져야 한다. 나는 식품 제조 대기업의 식품원료팀 소속으로 재직하면서 소스, 향신료, 조미료, 농산물 등 다양한 카테고리의 원료를 담당했었다. 그러던 중 회사 주력제품인 즉석밥의 경쟁력 향상을 위한 TF(Task force)가 만들어졌고 주력 제품의 핵심원료를 담당해보고 싶은 생각에 적극 지원해서 구매 부문 담당으로 참여하게 되었다.

TF를 하면서 6개월에 걸쳐 전국에 있는 RPC(미곡처리장) 중에서 회사의 기준에 충족하는 업체를 선별하고 실제 기술팀과 함께 방문해서 실사를 진행했다. 이 프로젝트를 하면서 지역별 주력 품종은 어떤 것이 있고, 각 품종별 특성, 쌀의 유통과정에 대한 지식을 확보할 수 있었다. 장기간 품질 및 공급 안정화 부분에 대해 선정작업을 거쳐 경쟁력 있는 업체와 거래 관계를 유지할 수 있었다. 이 프로젝트 이후 다른 부서에서 쌀과 관련된 프로젝트가 진행될 때에는 항상 회의 참석을 요청받을 만큼 최소한 쌀의 구매 관련 지식을 갖게 되었으며 덕분에 경쟁사로부터 입사 제안을 받은 경험도 있다.

무궁무진한 배움의 확장터, 온라인을 활용하라

지금은 정보를 찾는 것이 어려운 것이 아니라 수많은 정보 중에 나에게 필요한 것을 선별하는 것이 더욱 어렵고 중요한 일이다. 하지만 제대로 잘 찾기만 한다면 적은 비용으로 큰 효과를 볼 수 있는 유용한 방법이 있다.

가장 대표적인 것이 무크(MOOC, Massive Open Online Course: 온라인 공개강좌)다. 유명한 무크로는 MIT와 하버드가 공동출자로 만든 '에드엑스(edX)', 구글 X 연구소 초대 소장이 설립한 프로그래밍 분야의 강자 '유다시티(Udacity)' 그리고 '코세라(Coursera)'가 있다.

코세라는 미국의 온라인 교육 플랫폼 회사로, 스탠퍼드대학교 컴퓨터공학과 교수인 앤드루 응(Andrew Ng)과 대프니 콜러(Daphne Koller)가 비싼 등록금을 내지 못하거나 교육의 기회를 가질 수 없는 사람들을 위해 자유로운 온라인 강의 사이트를 설립한 것이 시작이었다. 현재 사용자는 7,700만 명이며 7,900개의 강의가 개설되어 있다.

코세라는 링크드인과 다양한 연계 작업을 진행하고 있기 때문에 코세라에서 이수한 과목과 인증서 등을 링크드인의 프로필에 넣을 수 있다. 채용 과정에서 링크드인을 적극적으로 활용하고 있는 글로벌기업이나 외국계기업으로 이직하려는 사람에게 매우 유용한 기능이다.

한글 자막이 제공되는 강의가 있으나 기본적으로 영어 사용이 어렵다면 제대로 사용하는 것은 어려울지 모른다. 하지만 세계 유명 대학의 강의를 온라인으로 들을 수 있으므로 충분히 도전할 가치가 있다고 생각한다. 영어 구사 능력을 개발해야 하는 직장인에게는 영어 공부까지 할 수 있으니 더욱 추천한다.

유튜브에도 정말 유용하고 도움이 되는 정보들이 많고 전문가들도 많이 활동하고 있다. 하지만 자기 계발을 위해 공부하기로 마음을 먹었다면 유튜브보다는 코세라와 같은 무크를 적극적으로 활용하는 것이 좋다. 한국형 무료 온라인 공개 강의 사이트인 '케이무크(K-MOOC)'도 있으니 꼭 한번 방문해서 다양한 강의를 들어볼 것을 추천한다. 내가 그 분야의 전문가가 아닌 이상 유튜브에서 활동하는 전문가의 진위를 알아내기 힘들기 때문에 '테드(TED)' 또는 '세바시'와 같은 플랫폼을 이용해 공식적인 인증을 받은 교수들의 강연을 듣는 것도 확실하고 믿을만한 방법이라 생각한다.

자기 계발 동력은 HOW보다는 WHY에서 찾아라

자기 계발은 4차 산업혁명 시대를 살아가는 사람이라면 반드시 해야 한다. 변화의 바람이 불어오는데 제자리에 서서 버티는 것이 오히려 더 어렵다. 앞으로 중심을 잡으면서 조금씩 나아가는 태도가 필요한 시점이다.

어떻게 자기 계발을 해야 하는지 HOW에 대한 정보는 다양한 방법을 통해 얻을 수 있다. 하지만 자기 계발이 필요한 이유인 WHY는 본인 스스로 찾아야 한다.

평판 조회에 대비하라

내 평판을 조회한다고?

기업에서 경력직 인재를 채용할 때 가장 중요하게 보는 것은 당연하게도 담당 업무 역량과 그에 따른 성과다. 프로스포츠에서 선수들이 계약하는 것과 유사하다. 현재 기업의 부족한 부분을 채우고 조직이 잘 운영될 수 있도록 가장 최적화된 사람을 찾는 데 주안점을 둔 것이다.

하지만 기업은 업무 능력만을 보고 채용하지는 않는다. 이 사람이 우리 조직문화에 잘 맞는 사람인지, 기존 인력들과 마찰 없이 조직에 적응할 수 있을지도 중요한 요인이다. 특히 조직장 이상의 직급을 채용할 때는 일반 팀원과 달리 이러한 부분 때문에 채용 결과가 달라지는 경우가 종종 생긴다. 이때 인사팀이 활용하는 것이 '평판 조회'라는 과정이다.

평판 조회는 회사에 지원한 사람에 대해 말 그대로 그 사람의 평판을 조사한 후 작성된 보고서를 채용 과정에서 검토해 최종 입사 여부를 결정하는 과정이다. '레퍼런스 체크(Reference Check)', 줄여서 레퍼체크라고 말하기도 한다.

과거에는 임원급 채용에서만 사용되었으나 현재는 대기업이나 외국계기업의 경우 과장급의 채용 시에도 많이 채택하고 있다. 이는 그만큼 평판 조회가 보편화되는 추세임을 알려주는 방증이다.

평판 조회, 누가 언제 하고 무엇을 물을까?

평판 조회는 일반적으로 서치펌에서 주로 진행하지만 평판 조회만 담당하는 회사도 있다. 평판 조회는 임원이나 팀장급들만 진행한다고 생각해서 자신과는 관련이 없다고 생각하는 사람들이 많이 있다. 하지만 평판 조회 대상자의 범위는 점점 확대되는 추세기 때문에 본인이 이직을 생각하고 있다면 반드시 평판 조회가 어떤 방식으로 진행되고 언제 하게 되는지에 대해 잘 알아둘 필요가 있다.

기업에 따라 다를 수 있지만 일반적으로 평판 조회는 면접을 마치고 최종 합격하고 나서 오퍼 제시 전에 진행한다. 평판 조회 단계라면 이직 확정 직전 마지막 단계라고 생각하면 된다. 기업에서 지원자의 평판 조회를 하려면 지원자에게 평판 조회 진행 여부에 대해 알려주고 동의를 얻어야 한다. 그다음 지원자로부터 조회처

(레퍼리, Referee)의 연락처를 받아 그 사람들에게 지원자에 대해 준비된 질문을 하고 그 답변 내용을 토대로 보고서가 작성된다.

조회처는 기업 입장에서 가능한 한 다양하게 받으려고 한다. 우선 지원자의 상사, 동료, 부하 직원이었던 사람, 추가적으로 재직 회사별로 구분해 조회처를 요구한다. 평판 조회를 하는 이유는 업무 능력 이외 회사에서 생활하는 모습, 다른 사람을 대하는 모습, 업무 스타일과 같이 이력서나 경력기술서로 파악하기 어려운 부분에 대해 알기 위한 것이므로 다양한 사람들의 의견을 듣는 것이 필요하기 때문이다.

조회처와 조회 결과를 미리미리 염두에 두자

만약 평판 조회를 해야 한다면 가장 신경 써야 할 부분이 바로 조회처를 누구로 선정할 것인지 결정하는 것이다. 상식적으로 내가 지원하고자 하는 회사에서 나에게 평판 조회를 위한 조회처를 달라고 하면 어떤 사람을 줘야 할까? 당연히 나에게 호감을 가지고 있고 친하고 업무적으로 연관성이 있으며 좋은 이야기를 해줄 사람을 찾아야 한다.

평판 조회를 진행하다 보면 가끔 조회처로 연락처를 받은 사람이 자신이 조회처로 지목된 사실을 모르는 경우도 있다. 반드시 조회처에 미리 연락해 평판 조회가 진행될 예정이니 잘 부탁한다고 사전에 알려야 한다.

평판 조회를 진행하는 기업 측은 보고서의 신뢰도를 높이기 위해 반드시 지원자의 단점에 대해 이야기해달라고 요구한다. 하지만 실제로 평판 조회를 하다 보면 지원자에게 불리한 이야기는 거의 나오지 않는다. 특별한 단점이 없다는 답변을 듣거나 '일을 너무 열심히 해서 건강이 걱정된다', '일의 몰입도가 너무 뛰어나서 일 이외에 다른 것을 소홀히 하는 경우도 있다'와 같이 기업에서 좋아할 만한 내용이 주로 나온다.

지원자가 지정한 사람에게 물어본다면 당연히 긍정적인 이야기만 나올 텐데 이런 과정이 왜 필요한지, 평판 조회를 준비해야 하는 이유가 있을까 하는 생각이 들 수 있다. 오히려 '짜고 치는 듯한' 느낌을 주기도 한다.

하지만 의외로 이런 조회처를 쉽게 제시하지 못하는 사람들도 있다. 회사 생활을 하면서 자신과 그래도 가깝게 지냈던 사람, 즉 자신에 대해 좋은 이야기만 해줄 사람을 단지 몇 명만 정하면 되는 것인데 그것조차 어려워하는 사람이 있는 것이다. 이런 경우에는 기업 인사 담당자에게 부정적인 시그널을 주므로 시작도 전에 김이 새는 결과를 스스로 초래할 수도 있기 때문에 조회처를 평소에 생각해두어야 한다.

평판 조회처에는 의외의 복병이 도사리고 있다

평판 조회를 부탁할 때는 내가 그 사람과 친하고 잘 알고 있으니 당연히 좋은 이야기만 해줄 것이라고 예단해서는 안 된다. 솔직하게 상황을 이야기하고 협조를 구하는 편이 좋다. 그러나 그렇게 하고도 후보자에 대해 부정적인 이야기가 나올 수 있고 좋은 의도로 이야기했지만 결과적으로 의도와는 다른 방향으로 흘러가는 경우도 있다. 만에 하나 지원자의 단점이나 관련된 사건이 기재된 보고서의 내용에 대해 이직하려는 회사의 임원진이 부정적인 평가를 하게 된다면 이직이 어려워질 수 있기 때문이다.

예전에 골프장 사업을 하는 기업의 임원 포지션을 진행했었는데 내가 추천한 후보자가 최종 대표 인터뷰까지 마치고 평판 조회만을 남겨두고 있었다. 지원자도 가고 싶어 했던 기업이어서 기분 좋게 결과를 기다리고 있었는데 예상치 못한 피드백을 받았다. 채용하지 않겠다고 연락이 온 것이다. 이유는 평판 조회할 때 조회처로 예전 근무했던 기업의 팀원을 제시했는데, 그 팀원이 상사가 이직하려는 이유에 대해 실무진 업무까지 확인하고 간섭하는 대표이사와의 갈등 때문이라고 대답한 것 때문이었다.

그 팀원에게는 지원자가 정말 좋은 상사였으며 반대로 지나치게 업무에 개입하는 대표이사가 맘에 들지 않았을 것이다. 본인 생각에는 그 역할을 중재한 상사에 대한 호감의 의미로 말했겠지만 이직할 기업의 대표이사에게 이 평판은 결코 플러스가 될 수 없는 요인이었다. 결론적으로 최종 결정권을 가진 대표이사의 성향상 윗사람에게 반대하는 의견을 낼 수 있는 지원자가 좋게 보이지 않았기 때문에 최종 탈락하게 된 것이다.

이처럼 평판 조회는 전혀 예상하지 못한 조회처가 원하지 않는 결과를 만들어낼 수 있기 때문에 반드시 대비해야 한다. 중요한 것은 평판 조회 보고서는 철저하게 기업 입장에서 해석된다는 점이다. 그러므로 경영진이나 대표와의 불화에 대해 언급하는 것은 피해야 한다.

나에게 호의적이고 업무적으로 좋은 관계에 있으며 논리적으로 자신의 의견을 잘 이야기할 수 있는 조회처를 선정하는 것이 평판 조회를 진행할 때 가장 중요하다. 앞의 사례도 만약 평판 조회를 받는 사람이 조회처로 좀 더 센스가 있는 사람을 선정했더라면 결과는 달라졌을 것이다.

마음에 안 들어도 회사 동료는 무조건 아군으로 만들자

회사 생활을 하면서 적을 만들지 말라는 이야기는 많이 들었을 것이다. 평판 조회에서 발목 잡히지 않으려면 이 부분은 필수다. 회사는 조직 생활이고 혼자서 모든 것을 다 할 수는 없다. 아무리 본인 능력이 뛰어나다 하더라도 성과를 만들어내기 위해서는 많은 사람의 협조가 필요하다. 때로는 본인의 의견을 굽힐 줄 알아야 하고 합리적이지 못한 방법으로 일을 해야 할 수도 있다. 회사 내에서 자신에게 부정적인 평가를 하는 사람이 많아지면 평판 조회에서 생각지도 못하게 어려움을 겪을 수 있다.

혼자 모든 것을 해결하려고 하거나 반대로 팀원에게 모든 업무를 떠넘기는 팀장이라면 과연 어떤 사람이 그 사람에 대해 평판 조회 요청을 받았을 때 좋은 이야기만 해줄 것인가? 아마도 험담까지는 못할지언정 좋은 이야기를 많이 하진 못할 것이다.

평소에는 내 잇속만 챙기다가 평판 조회의 조회처로 선정했으니 부디 좋은 이야기를 부탁한다고 요청한다면 과연 누가 그 부탁을 제대로 들어줄 수 있을까? 조회처 입장에서는 일하기 바쁜데 시간을 내서 통화해야 하기 때문에 그 또한 달갑지 않을 것이다.

외국계기업은 백그라운드를 확인한다

외국계기업의 채용 과정에서 자주 볼 수 있는 과정 중 하나가 백그라운드 체크(Background check), 흔히 BGC라고 부르는 과정이다. 평판 조회와는 성격이 완전히 다르다. 평판 조회는 지원자의 성향이나 평소 업무 스타일 등에 대한 주변 사람들의 의견을 듣는 것이라면 백그라운드 체크는 지원자의 경력 사항을 확인하는 절차다. 불법적인 일에 관련된 적이 있는지 확인하는 회사도 있고 경력만 확인하는 경우도 있다.

백그라운드 체크는 최종 합격하고 제시받은 오퍼와 근로계약서까지 사인한 다음 현재 재직 중인 회사에 퇴직서까지 제출하고 나서 진행된다. 일반적으로 재직 회사는 의료보험 관련 증명서만으로도 확인 가능하나 외국계인 경우 본사에서 백그라운드 체크하는 회사를 통해서 직접 지원자의 재직 회사의 인사팀에 경력을 확인하는 경우도 있다. 기간은 대략 2주 정도 소요된다.

내 직장 생활의 결과가 평판 조회로 나타난다

우리나라 정서상 정말 그 사람에게 악감정을 가지고 있지 않은 한은 상대에게 불리한 이야기는 하지 않는 게 도리라고 생각하는 사람들이 많다. 평판 조회에도 비슷한 정서가 적용된다. 괜히 안 좋은 이야기를 해서 그 사람이 불이익을 받지 않을까 고민하다 보면 굳이 말하지 않는 편이 낫다고 생각하는 것이다. 이런 상황은 기업들도 당연히 잘 알고 있다. 하지만 이 말은 역으로, 이런 상황임에도 불구하고 좋지 않은 이야기가 나오는 지원자를 과연 기업이 채용할 것인가에 대한 가장 명확하고도 간단한 대답으로 이어질 수 있다. 어느 기업도 이런 리스크를 감수하면서까지 채용을 하는 일은 드물기 때문이다.

어떤 사람이 잘되도록 돕는 것은 어려운 일이다. 반면에 잘 안 되도록 망치는 것이 가능한 것이 바로 평판 조회다. 내가 잘되길 바라는 사람이 많으면 좋겠지만 그것이 어렵다면 잘되지 않길 바라는 사람을 적게 만드는 것이 직장 생활을 하는 데 현명한 태도가 아닐까 생각한다.

현직의 경력을 업데이트하고 업그레이드하라

현재 자신의 위치를 정확히 아는 것에서부터 시작하라

당신이 경력기술서를 작성한다면 막힘 없이 어떤 업무를 주로 했으며 향후 어떤 업무를 하고 싶다고 이야기할 수 있는가? 내가 어떤 업무를 하고 있는지 정확히 파악하는 것이 커리어를 만들어 가는 데 시작점이라고 할 수 있다. 지도를 보고 길을 찾을 때도 가장 먼저 해야 하는 것이 내가 위치한 곳이 지도의 어느 지점인지 확인하는 것이다. 이것이 선행되어야 길을 찾을 수 있기 때문이다.

커리어 패스를 완성하고 성공적으로 이직하기 위해서는 나의 업무 경력을 주기적으로 관리하고 업데이트해야 한다. 경력기술서를 업그레이드하려면 다양한 업무 경험과 프로젝트 수행을 통해서 본인의 업무 역량을 향상시켜야 한다.

경력을 업그레이드하는 데는 상당한 물리적인 시간과 에너지가 필요하다. 단기간에 할 수 있는 것이 아니다. 목표를 세우고 꾸준히 진행해야 얻을 수 있다. 경력 개발에서 가장 중요한 것이 업무능력이라는 것은 아무리 강조해도 지나치지 않다. 아무리 스펙이 좋고 인성이 뛰어난 사람이라고 해도 업무 능력을 보여주지 못하면 원하는 곳에 갈 수 없다.

경력기술서상의 핵심역량이나 경력 내용에 확실하게 다른 사람과 차별화되는 내용을 기재하기 위해서는 지금 하는 업무에 대해 정확하게 파악하고 전문가로 대접받기 위해서 어떤 것들이 필요한지 진지하게 고민해야 한다.

다른 업무에도 욕심을 부리자

직장인들은 자신이 담당해야 하는 업무를 가지고 있다. 대부분 기업에서 그 사람에게 지급하는 연봉의 3~4배 수준의 성과를 요구하고 있다. 이런 상황에서 지금 하고 있는 업무를 처리하는 것만으로도 시간이 부족하다고 생각하고 실제로 그럴 수도 있다.

하지만 주어진 업무를 이상 없이 처리하는 것은 기본이다. 이직과 커리어 개발을 위해서는 다른 사람과 차별화된 나만의 업무 역량과 경험을 가져야 한다. 이를 위해서 자신의 업무에 대해 욕심을 가질 필요가 있다. 일상적인 업무에 만족하지 말고 신규 사업이나 회사 내부 시스템의 개선같이 업무 역량을 높일 기회가 있다면 망설이지 말고 참여해야 한다.

기존 업무에 뭔가 새로운 것이 추가된다면 일하는 입장에서는 환영할 일은 아닐 것이다. 야근을 해야 할 수도 있고 지금보다 빡빡한 시간을 보내야 할지 모른다. 하지만 이로 인해 자신의 경력기술서를 업그레이드할 수 있다면 충분히 가치 있는 일이라 생각한다.

반도체 설비 제조업체의 법인 영업 담당인 A씨는 회사 영업관리 시스템 개선 프로젝트에 참가하게 되었다. 기존 사용하던 시스템의 편의성을 높이고 추가적으로 협력 업체 평가와 관리까지 함께 할 수 있는 시스템을 만드는 프로젝트였다. 약 6주 동안 매주 회의에 참석해야 했고 팀원들의 의견을 취합해 보고서를 작성해야 했다. 기존 업무에 프로젝트 업무까지 하다 보니 그 기간에는 자주 야근할 수밖에 없었다.

매주 개발자들과 다른 부서 영업팀원들과 회의하다 보니 IT 시스템에 구축에 대한 배경지식 습득부터 세부적인 기능 구현까지 다양한 경험을 할 수 있었다. 경력기술서에는 '영업관리 시스템 구축 프로젝트 참여'라는 성과를 기재했고 이때 경험을 토대로 원하던 IT 분야 기업으로 이직할 수 있었다. 면접에서 영업 직무임에도 불구하고 IT 관련 시스템에 대한 높은 이해도를 보유하고 있었기 때문에 성공적인 이직을 하게 된 것이다.

만약 A씨가 업무량이 많다는 이유로 이 프로젝트에 참가하지 않았다면 원하던 IT 회사로의 이직은 쉽지 않았을 것이다. 단순 반복 업무가 아니고 자신의 업무와 연관성이 깊고 최근 트렌드와 관련이 있는 프로젝트가 있다면 주저하지 말고 도전해보길 바란다.

가장 추천하는 프로젝트는 IT 시스템 구축 프로젝트다. 모든 회사가 디지털 트랜스포메이션을 이유로 시스템을 새롭게 구축하거나 개선하는 작업을 진행 중이다. 당연히 현업의 의견이 필요하고 적극적인 참여를 요구할 것이다. 여기에 참가해서 자신의 역량을 높일 수 있는 기회를 잡아야 한다.

업무에 대한 새로운 시각을 제시하라

담당 업무를 깔끔하게 처리하는 것은 직장인이라면 당연히 해야 하는 일이다. 하지 못하면 회사에서 버틸 수 없게 되니 필수 조건이라 할 수 있다. 그러므로 자신의 업무를 효율적으로 처리하기 위해서 필요한 것이 무엇인지 늘 찾는 자세가 필요하다.

회사 내에서 인정받는 사람들을 보라. 정해진 일만 하는 사람은 없다. 항상 기존 업무를 좀 더 효율적으로 처리할 방법을 찾고 회사의 이익을 위해 다양한 방법을 모색한다.

외국계 자동차 부품제조사의 SCM 매니저로 근무하는 B씨는 물류 관련 부문의 원가절감을 위한 프로젝트를 진행했다. 이 과정에서 B씨는 유관 부서에게 자료 요청을 하고 관련 업체들과 미팅을 진행하며 새로운 방식의 물류시스템 도입을 추진했다. 그러나 유관 부서는 B씨의 요청에 쉽게 응하지 않았다. 당장 실적에 도움이 되지 않는 자료 요청이라 적극적으로 대응하지 않는 등 업무 협조가 더뎠다. 더욱이 주변에서는 B씨에게 뭐하러 사서 고생을 하느냐고 말렸다. 굳이 그렇게까지 할 필요가 있느냐는 이야기도 많이 들었다.

그러나 B씨는 1년 여의 기간 동안 자료 조사와 계획서를 만들어서 본인이 계획한 새로운 방식을 적극 추진했다. B씨는 본인이 계획한 시스템이 회사에 안착하기만 하면 이전보다 훨씬 물류비용을 줄일 뿐 아니라 시간도 단축하고, 또 인적자원 활용 면에서도 효율적이라는 확신이 있었기 때문이다.

1년 뒤, B씨가 제안하고 실행한 물류시스템은 경영진의 승인을 통과했고, B씨는 물류시스템을 개선하는 PM이 되었다. B씨는 이후 이쪽 분야에서 유명해져 국내 유명 스타트업과 이커머스 기업의 SCM 총괄으로 제안을 받아 연봉 상승과 직급 상승을 동시에 이뤄냈다.

일상 업무 이외에 일을 벌이는 사람을 좋게 보지 않는 사람들도 있다. 당장 할 일도 많은데 쓸데없이 일을 벌인다고 생각할지도 모른다. 하지만 결국 승진하고 임원이 되고 지금보다 더 좋은 조건으로 이직하는 사람들이 바로 그 사람들이다. 당신도 그 사람들처럼 되고 싶다면 맡겨진 일만 해서는 부족하다.

이직을 넘어 창업까지

사내에서 업무에 욕심을 부리고 자신이 맡은 담당 업무에서 늘 새로운 효율성과 방법을 찾는 것을 넘어서, 이직이 아니라 아예 창업을 했던 사례도 있다. 대표적으로 기억나는 사람이 국내 유명 회계 전략기업의 HRD 부서에 근무하던 C씨였다.

C씨는 직원 교육을 위해 다양한 프로그램을 기획하고 평가하는 업무를 담당하고 있었다. HRD 직무의 핵심은 교육 프로그램을 기획하고 운영하고 평가하는 능력이다. C씨는 기본적인 업무 역량 이외에 자신이 기획한 교육 프로그램을 직접 설명하기 위해 강의 능력을 키우기로 결심했다.

강사 섭외 업무를 담당했기 때문에 다양한 강사들과 미팅을 진행하면서 강사들에게 많은 노하우를 배우고 전문 강사 못지않은 실력을 갖추게 되었다. 직접 강의를 진행할 수 있는 능력을 갖추면서 회사에서 인정을 받았다. 퇴사 후 직접 기업을 상대로 한 교육 기업을 창업했고 현직 담당자들의 니즈를 정확히 파악해 고객을 늘려서 지금까지 사업을 유지하고 있다. 이처럼 현직 업무 능력을 개발하는 것은 이직뿐만 아니라 창업까지 연결할 수 있다.

조직 내 인간관계는 왜 중요할까?

조직에는 반드시 나를 평가하는 사람이 존재한다

직장인은 말 그대로 직장, 회사의 조직에 속해 자신의 업무를 처리하면서 일하는 사람이다. 직장인은 회사에서 혼자 일하지 않는다. 작게는 팀원으로서 역할을 하고 유관 부서와 함께 협업하는 것이 업무의 대부분이다. 그러므로 회사 내 조직 생활을 어떻게 하느냐가 원만한 직장 생활을 좌우하는 매우 중요한 열쇠가 된다.

내가 처음 직장 생활을 시작한 곳은 직급 대신 이름에 '님' 자를 붙이는 호칭을 사용했다. 지금은 '○○님'이라고 부르는 회사가 많지만 그때만 하더라도 이런 호칭 문화는 신선한 충격이었다. 수평적인 조직문화를 홍보하기 위해서 광고에도 자주 언급됐다.

호칭 문제는 별 어려움 없이 적응할 수 있었다. 직장 생활을 하다 보니 자신의 직속 상사나 팀장을 ○○님으로 부르는 사람은 생각보다 많지 않았다. 대신 ○○님으로 부르는 것이 편할 때는 다른 팀에 있는 사람을 지칭할 때였다. 정확히 직책이나 직급을 몰라도 부르는 데 어려움이 없었다.

'님' 호칭이 수평적인 문화를 구축하는 데 도움이 되었다고 생각하게 된 결정적인 계기는 상사가 팀원을 부를 때였다. "이창현 님"이라고 부르면서 업무 이야기가 진행되면 확실하게 공과 사가 구분되기도 하고, 소위 '직급으로 누르면서' 일을 시키는 분위기가 덜 조성됐다. 최소한 내가 속한 조직은 그런 분위기가 정착되어 있었다.

이런 수평적인 문화는 분명히 좋다고 생각한다. 하지만 아무리 ○○님으로 부르고 그 외 다른 부분에서 서로 존중한다고 해도 평가를 하는 사람과 받는 사람이 있다는 점을 간과해서는 안 된다. 평가가 두려워서 팀장에게 비굴해지라는 것이 아니라 최소한 저 사람이 나를 평가하는 사람이라는 사실을 잊어서는 안 된다.

눈에 보이지 않는 정성적인 평가 데이터도 중요하다

성과는 데이터와 숫자로 나타난다. 팀장과의 관계가 아무리 좋다고 해도 없는 실적을 만들어서 줄 수 없고 맘에 들지 않는 팀원이라고 해도 실적이나 성과를 무시할 수 없다. 하지만 정량적인 평가 이외에 분명히 정성적인 평가도 존재한다.

이 점은 승진할 때나 조직개편이 진행될 때 개인의 조직 배치에 상당히 중요한 역할을 한다. 정성적인 부분에서 좋지 않은 평가를 받은 사람은 어느 조직에 가더라도 환영받지 못한다. 게다가 주변 평판까지 좋지 않다면 최악의 조직원으로 취급받을 수 있다.

물론 이런 경우는 많지 않다. 그래도 취업 관문을 뚫고 회사에 다니고 있는 사람은 기본적인 상식과 매너를 가지고 있을 테니 말이다. 하지만 그렇지 않은 경우도 반드시 존재한다. 최소한 조직생활을 해야겠다고 생각한다면 자신이 이런 사람에 해당되지 않도록 노력을 해야 한다.

일만 잘하면 되는 줄 알았던 J씨

통신 대기업에 입사한 J씨는 회사가 자신을 책임져주지 않고 평생직장은 없다는 내용에 적극 공감하며 회사에서 스스로 살아남아야 한다고 생각했다. 문제는 회사를 다니는 동안 조직원 간의 최소한의 유대감이나 협업 능력을 가지고 있어야 하는데 J씨는 그렇지 않았다는 것이다. 점심시간이 되면 운동이나 영어 공부를 위해 5분 전에 사무실을 나가며 점심은 혼자 해결했다. 팀원과 함께 점심을 먹거나 퇴근 이후 회식에 참석해본 적은 손에 꼽았다. 내 할 일만 하면 된다는 생각을 가지고 있었기 때문이다.

이렇다 보니 같은 팀원이나 사업부에 있는 사람들도 J씨를 대할 때 데면데면하게 되었다. 같은 조직원이라는 공감대가 형성되지 않고 업무 지시와 확인만 하는 관계가 되는 것이다. 하지만 신입 사원이 혼자서 일을 무리 없이 처리하는 것은 매우 어렵다. 결국 다른 사람의 최소한의 도움을 받아야 하는데 이렇게 다른 사람과의 관계를 맺는 것에 매우 소극적이다 보니 다른 사람들도 J씨에게 호의적일 리가 없다. 자기가 필요할 때에만 도움을 요청한다면 누가 도와줄 수 있을까? 업무 처리는 지지부진하고 실수를 했을 때 신입이니까 그럴 수 있다고 덮어주는 사람보다는 날카로운 지적을 하는 사람이 주변에 많아졌다. 결국 입사한 지 1년 만에 J씨는 다른 기업으로 이직했다.

직장 생활은 계산적이고 냉정하게 해야 하고 회사만 믿고 있다가는 낭패를 당할 수 있다는 말은 사실이다. 하지만 조직 생활은 결국 사람들 사이에서 관계를 맺으며 성장해야 원만하게 이뤄진다. 그리고 많은 업무가 협업으로 이루어지기 때문에 좋든 싫든 같은 조직에 있는 사람과는 관계를 잘 맺어야 한다. 회사는 나 혼자 살 수 있는 곳이 아니다. 능력 있는 사람과 동시에 팀을 생각하고 더 나아가 회사 입장에서 일하는 사람이라는 인상을 평가자에게 심어줄 수 있는 사람이 바로 위너가 되는 것이다.

조직에 대처하는 신입 사원의 자세

회사에 처음 입사한 사람에게는 모든 환경이 낯설고 새롭다. 당연히 적응하는 데 어느 정도의 시간이 필요할 수밖에 없다. 기존 근무자들도 그 점을 알고 있기 때문에 신입 입사자가 회사에 적응하도록 도와주려고 한다.

신입 사원이 회사에 빠르게 적응하고 업무를 처리하기 위해서는 자주 질문해야 한다. 신입 사원이 질문이 많은 것은 당연하다. 오히려 모르는 것을 물어보지 않고 넘어갔다가 나중에 문제가 생기면 몇 배로 당황스러운 상황에 직면하게 될 수도 있다. 어찌 보면 회사에서 기본적인 것을 질문해도 답변을 가장 잘 들을 수 있는 시기는 신입 사원 때가 유일하므로 이 시기를 잘 이용해야 한다.

질문 범위는 업무에만 국한할 필요가 없다. 회사 생활을 잘하기 위한 모든 사항에 대해 물어봐도 된다. 저 사람이 어느 팀의 누구인지, 회사 시스템 이용 방법(회의실 예약, 법인카드 사용 등), 상사와 외근이나 출장 갈 때의 매너 등 알아야 할 것을 전부 물어보라. 때로는 업무 관련 내용보다 훨씬 중요하고 유용한 정보를 얻을 수 있다.

질문을 하는 대상은 같은 팀 내 바로 직속 선배가 적합하다. 신입 사원이 잘 적응할 수 있도록 도와주는 멘토 역할을 하기 때문이다. 이 사람은 당신의 질문에 대해 이미 답변할 자세를 가지고 있다. 그러므로 부담을 갖지 말고 모르는 부분은 질문하길 바란다.

만약 직속 선배가 너무 바빠 보인다면 평소 안면을 트고 지내는 동기에게 묻거나 다른 부서의 선임에게 "궁금한 점이 있는데 지금 말씀드려도 될까요?"라고 확인한 다음 물어보는 것이 좋다. 업무와 관련된 질문은 시간과 장소를 크게 가릴 필요가 없다. 하지만 업무와 직접적인 연관이 없는 질문이라면 한참 업무가 바쁜 시간인 점심시간 이후부터 4시는 피하는 것이 좋다. 퇴근 시간을 앞두고 있을 때가 좋은 시간대다.

신입 사원이 질문하게 되면 또 다른 긍정적인 효과가 나타나게 된다. 바로 회사 내 다른 사람들에게 업무 파악에 적극적이고 회사에 적응하기 위해 노력한다는 인상을 주게 되는 것이다. 신입 사원이 들어왔는데 이것저것 물어보면서 열심히 하는 모습을 보여주게 되면 맘에 들어 하지 않을 리가 없다. 열심히 하는 사람에게 누가 돌을 던지겠는가?

대신 질문할 때는 같은 질문을 반복해서는 안 된다. 모르는 것을 물어보는 것은 당연하다고도 볼 수 있다. 하지만 했던 질문을 반복한다는 것은 문제가 있다. 가장 큰 문제는 상대방이 자신과 소통이 되지 않을뿐더러 자신의 이야기를 듣지 않는다고 생각하게 만드는 것이다. 예를 들어 선임에게 회의실 예약하는 방법을 물어보면 처음이니 자세하게 알려줄 것이다. 그런데 얼마 지나지 않아 또 같은 것을 물어보게 되면 상대방의 반응은 어떻겠는가?

질문을 하면 답변을 메모해 같은 질문을 반복하지 않도록 해야 한다. 들었을 때 잘 모르겠거나 이해가 되지 않으면 그 자리에서 다시 설명을 해달라고 해야 한다. 만약 그 사람이 설명하는 것을 도저히 이해하기 어렵다면 다른 사람에게 다시 확인해야 한다. 사람마다 가르치고 지식을 전달하는 스킬에 차이가 있기 때문에 내 잘못이 아니라 그 사람이 설명을 못하는 경우도 있기 때문이다. 이처럼 질문과 답변을 통해 업무를 파악하는 데 적극적인 신입 사원과 그렇지 못한 신입 사원은 시간이 지날수록 회사에서 성장하는 속도와 결과 모두 차이가 벌어지게 될 것이다.

팀장은 알고 있다

대기업 팀장으로 있는 지인의 이야기를 들어보면 신입 사원들이 들어왔을 때 이 신입 사원이 조직에서 잘 성장할 수 있는지에 대해 어느 정도 예측이 가능하다고 한다. 성장하는 사람에게는 2가지 특징이 있는데 하나는 다른 사람들에게 인사를 잘하는 사람, 또 다른 하나는 질문을 잘하는 것이라고 한다.

앞서 언급했지만 신입 사원이 회사에서 제대로 한 명의 몫을 하기까지는 어느 정도 시간이 필요하다. 이 시간 동안 여러 가지를 물어보고 습득하면서 자신의 역량을 키워나가야 한다. 질문을 잘한다는 말의 의미는 자신의 업무에 대해 관심도 있고 어느 정도 배경지식은 가지고 있어야 제대로 된 질문을 할 수 있다는 것이다. 왜냐하면 모르는 일에 질문을 할 수 없기 때문이다.

팀장들은 업무 회의를 진행하거나 업무 지시를 할 때 질문이 없는 신입 사원을 보면 조금 의아하게 생각한다. 왜냐하면 이런 업무를 해본 경험이 없으므로 일을 하기 위해서는 궁금한 것이 많을 거라 생각하기 때문이다. 이런 상황에서 그 신입 사원이 제대로 일을 처리하지 못했다면 팀장 입장에서는 적극적인 태도를 가지지 못한 사람이라고 생각할 수도 있다. 반대로 다양한 질문을 하는 사람은 긍정적인 평가를 내릴 가능성이 아주 매우 높다.

우리나라 교육과정은 질문을 자주 많이 하는 것을 권장하지 않는다. 실제 학교생활 동안 따로 교무실을 찾거나 선생님에게 질문을 해본 경험이 많지 않을 것이다. 그러므로 다른 사람에게 질문하는 것이 그렇게 편하고 자연스러운 일이 아닐 수 있다. 하지만 회사는 내가 앞으로 일해야 하는 곳이고 성과를 만들어내고 커리어를 구축하는 공간이다. 내가 어떤 지식이나 방법을 알아야 한다면 당연히 찾아가서 질문하고 답변을 얻어내는 노력을 해야 한다.

어떤 신입 사원은 점심도 따로 먹고 최소한의 성의를 표시하는 정도로 인사하고 다른 신입 사원은 새로운 사람을 만날 때 인사하고 자신을 먼저 소개하면서 자신의 존재를 각인시킨다면 조직 내 평판이 어떻게 달라질지 파악하는 것은 어렵지 않을 것이다.

인사가 가장 어려웠다는 S씨

통신기업 사업부에 배치된 S씨는 스스로 상당히 낯을 가리는 성격이라고 생각했다. 취업을 위해 많은 노력을 해서 면접을 통과했지만 다른 사람들과 관계를 맺는 것에 부담을 느끼는 사람이었다. 당연히 S씨는 회사 생활을 어떻게 풀어나가야 할지 걱정하게 되었다.

회사 팀장 출신의 사촌 형이 추천해준 방법은 최소한 근무하는 층에서 만나는 사람이나 회의에서 만나는 사람들에게 "안녕하십니까?"를 조금 큰 목소리로 하는 것이었다. 처음에는 쉽지 않았지만 몇 번 해보니 사람들의 반응도 상당히 우호적이었다. 결국 몇 달이 지나자 많은 사람이 S씨를 알게 되었고 그 사람들이 먼저 아는 척을 하는 경우도 많아지면서 회사에 잘 적응할 수 있게 되었다.

S씨와 같은 신입 사원은 매니저급 상사들이 자신을 우호적인

시각으로 바라보도록 만든다. 만약 그런 행동이 자신의 성향과 맞지 않는다고 생각하는가? 그럼 솔직하게 이야기해서, 스스로 조직 생활에 잘 맞지 않는 사람이라고 생각해야 한다. 일만 잘한다고 다 통하는 곳이 회사가 아니다. 그리고 과연 조직원들 사이에서 호감을 얻지 못하는 사람이 다른 부서와 협업으로 성과를 잘 만들어낼 수 있을까?

생각해보자. 당신에게 새로운 신입 사원이 먼저 인사한다면 받아주지 않는가? 그리고 그렇게 인사하는 사람을 당신은 어떻게 생각할 것인가? 소위 말해서 '나댄다'라고 생각하면서 좋지 않은 시각으로 보는가? 그런 사람은 정말 많지 않다. 만약 어떤 사람에게 인사를 했는데 받아주지 않았다면 그 사람이 당신을 인식하지 못했거나 아니면 이미 사내에서 이상한 사람이라고 소문이 나 있을 것이다. 그러므로 너무 복잡하게 생각하지 말고 먼저 인사하길 추천한다. 싹싹하고 예의 바른 사람이라는 인식을 심어주게 되면 나중에 어느 부서로 가더라도 적응하는 능력을 키울 수 있고 내가 하고 싶은 직무 분야로 가는 것도 가능해진다.

지금 조직문화는 확실하게 과거와는 다르다. 그렇기 때문에 조금만 생각을 달리하고 신경을 쓴다면 괜찮은 사람이라는 인상을 다른 사람에게 줄 수 있다. 선배나 팀장에게 '알랑방귀를 뀌어라'라는 뜻이 아니다. 인간관계에서 조금 신경 써서 먼저 다가가라는 의미다. 만약 그렇게 해서 자신이 다른 사람보다 긍정적인 태도와 커뮤니케이션 방식에서 차별성을 가지게 된다면 조직 생활을 영위

함에 있어 생각보다 큰 장점으로 작용할 수 있고 의외의 순간에 도움을 받을 수도 있다.

무능한 것은 본부장인데 손해는 본인이 보게 된 F씨

중견 패션회사에 재직하는 F씨의 보직은 MD다. 회사 생활을 한 지는 8년째고, 근무 실적도 나쁘지 않다. 그러나 F씨에게는 회사 생활을 하는 데 큰 난관이 있다. 현재 회사에 대한 불만이, 많아도 너무 많다는 것이다.

F씨는 본부장에 대해 불만이 쌓일 대로 쌓였다. 자기가 보기에 능력이 없는 사람이 어울리지도 않는 자리에 앉아 있다고 생각하기 때문이다. 그 본부장이 부임한 후 본부 실적도 떨어지고 그 때문에 F씨의 실적도 덩달아 떨어졌다. 업무는 힘든데 성과는 나지 않다 보니 일하는 데 상당한 피로감을 느끼게 되었다. 점점 자신이 해야 할 최소한의 업무만 하게 되고 팀에서 회의를 할 때 다른 사람이 새로운 계획을 제안하더라도 뭔가 일이 되게 하는 방향이 아니라 일을 줄이는 방향으로 의견을 제시하게 되었다.

이런 상황이 지속되다 보니 F씨는 내 할 일만 하면 그만이라고 생각하며 유능한 본부장이 다시 온다면 된다고 생각했다. 팀의 업무 실적이 떨어지는 원인에 자기는 없다고 생각했다. 그러나 그것은 F씨의 착각이었다. 주변 사람들에게 좋지 않은 인상을 주게 된 것이다. 결국 F씨는 승진에 누락하게 되었고, 다른 회사로 이직하게 되었다. 게다가 현재 업무 성과가 좋지 않은 상황에서 쫓기듯이 한 이직이기 때문에 원하는 곳으로 가지 못했다.

F씨의 패착은 어디에 있었을까? 바로 자신이 조직의 일부라는 생각을 망각한 데 있다. 회사에서 불평하면서 시간을 보내기보다 차라리 빠르게 이직을 준비해서 다른 회사로 일찍 옮기는 것이 좋았을 것이다. 아마 F씨는 지금도 여전히 이직한 회사에 불만을 가지고 있지 않을까 생각한다.

프리랜서가 아니라면 프리랜서처럼 행동하지 말자

자신의 능력에 따라 급여를 받고 자신이 원하는 시간에 일하는 것은 프리랜서의 큰 장점이다. 최근 등장한 긱워커(Gig worker)도 비슷한 개념이다. 하지만 당신이 회사에 소속된 정규직 직원이라면 프리랜서처럼 행동해서는 안 된다.

프리랜서는 정해진 기간 동안 정해진 업무를 하고 그에 상응하는 비용을 받는 사람이다. 기업 입장에서도 프리랜서를 고용하는 것은 큰 부담이 없다. 기업에서 프리랜서에게 요구하는 것은 기간 내에 정해진 결과물이다. 그렇기 때문에 계약을 체결할 때 업무 능력만 확실하다고 판단이 된다면 그 사람의 성향에 대해서는 관심을 두지 않는다.

하지만 회사에서 정규직을 채용할 때에는 업무 능력 이외에 반드시 확인하는 것이 바로 자신들의 조직문화를 이해하고 그것에 적응할 수 있는지 여부다. 회사는 다양한 사람들이 모여 성과를 만들어내는 조직이다. 그러므로 조직의 방향성과 맞지 않는 사람이 아예 없을 수는 없지만 많아서는 제대로 운영되지 못한다. 그리고 지속적으로 맞지 않는 사람은 자의로 또는 타의로 조직을 떠나게 된다.

회사에 소속된 조직원과 프리랜서와는 큰 차이가 있다. 4대보험 가입 여부, 퇴직금 이외에 조직원에게는 회사에서 요구하는 것이 존재하기 때문이다. 바로 조직원으로서의 의무다. 어떤 조직에 속해 있다면 당연히 그 회사가 추구하는 비전이나 목표에 대해서 함께 움직여야 하고 회사의 규범에 따라야 한다. 회사와 개인의 관계는 분명히 공적인 관계가 맞다. 하지만 최소한 내가 일해서 나에게 월급을 주는 회사에 마이너스가 되는 행동은 하지 말아야겠다는 생각을 가질 필요가 있다. 그래야 회사에 재직하는 동안 업무역량도 키우고 성과도 만들어낼 수 있다.

회사 업무는 혼자 하는 일이 아니다

직장인들의 바이블 같았던 드라마 〈미생〉에는 이런 장면이 나온다. 낙하산으로 들어온 주인공 장그래에게 팀장도 팀원들도 일거리를 나누지 않고 제대로 된 일도 시키지 않으면서 열심히 작성한 보고서에 대해서도 부정적인 반응을 보인다. 그때 장그래가 옥상에 올라가서 "혼자하는 일이 아니라면서 결국 혼자이게 만들고 있잖아. 뭐가 혼자하는 일이 아니라는 겁니까? 네?"라고 소리친다. 회사 일은 혼자 하는 일이 아니라면서 낙하산이라는 이유로 팀원으로 대해주지 않는 오 과장과 김 대리에게 나는 왜 혼자 일을 해야 하냐고 말하고 싶은 장그래의 생각이 잘 나타나 있다. 회사 업무는 혼자 하는 일이 아니라는 것을 단적으로 보여주는 장면이다.

'난 회사에서 내 할 일만 하면 된다. 그 외에 회사가 나에게 무엇인가를 원하면 안 된다'라고 생각한다면 이것은 프리랜서의 생각이다. 직장인은 회사에서 커나가야 한다. 회사 안에서 자신의 역량을 발휘하고 능력을 증명해야 한다. 그래야 다른 곳으로 이직도 가능하고 지금 회사에서 성장할 수 있다. 프리랜서는 조직에서 성장하는 사람이 아니다. 조직에서 성장하고 싶다면 프리랜서처럼 행동해서는 안 된다.

혼자 하는 일이 아니어서, 혼자 할 수 없는 일이어서, 혼자 하면 안 되는 일이어서 조직에서 일하고 회사는 시스템으로 굴러간다. 조직원으로서의 장점과 프리랜서의 장점을 모두 가질 수는 없다. 만약 지금 당신이 조직에 속해 있다면 조직원으로서 행동해야 한다.

그리고 개인의 성과도 중요하지만 팀 성과를 위해 노력할 필요가 있다. 조직원의 덕목은 조금 부족하다고 생각되는 팀원이 있더라도 그 사람만 빼고 팀 성과를 평가받을 수는 없다. 결국 함께 협업하면서 결국은 내가 속한 조직이 좋은 성과를 낼 수 있도록 돕는 일을 할 수 있는 사람이 되어야 한다. 그래서 신입 사원 채용 시 자기소개서에 협업 경험이 있었는지 쓰라고 하고 면접에서 팀 협업에 대해 어떻게 할 것인지 물어보는 것이다.

팀워크는 정말 중요하다. 장기적인 커리어 개발 측면에서도 나만 잘되고 팀이 망가지는 것보다 내가 조금 손해보더라도 팀의 성과가 좋아지는 것이 더 좋다. 그렇다고 너무 걱정하지 않아도 된다. 업무 시스템이 잘 구축되어 있기 때문에 자신의 성과가 묻히거나 사라지는 일은 없을 테니까 말이다.

회사에 긍정적인 감정 한 조각은 가지고 있자

원격근무, 재택근무가 활성화되면서 조직원들 사이의 감정적인 교류는 과거에 비해 많이 약해지고 있으며 앞으로도 강화되는 기조가 올 확률은 거의 없다고 생각한다. 결국 직장인은 성과와 업무 역량으로 평가받기 때문에 알아서 내가 할 일만 해야 한다고 생각하는 사람이 점점 늘어나고 있는 것도 사실이다.

하지만 아직은 결국 조직이 돌아가고 움직이는 데 사람의 역할이 클 수밖에 없다. AI 면접을 보더라도 결국 사람이 한 번 더 보고 결정하는 구조다. 회사 생활을 하는 데 얇고 넓더라도 인간관계를 유지하고 회사와 조직원에 대한 긍정적인 감정은 필요하다고 생각한다. 같이 일하는 사람이 다 보기 싫고 회사도 싫다면 업무 성과를 내는 것도 어렵지 않을까?

3장

쉬운 이직 그러나 어려운 성공

시드 커리어를 만들어라

양날의 검, 이직 카드

직장인에게 이직은 커리어를 개발하고 완성할 수 있는 굉장히 유용한 카드다. 연봉 상승과 직무 전환도 가능해서 오랫동안 경제 활동을 할 수 있는 토대를 마련할 수도 있다.

그러나 잘못 사용하면 커리어를 불가피하게 중단시키거나 꼬이게 할 수도 있다. 잘못된 선택으로 이직하게 되어 회사나 직무에 만족하지 못해 단기간에 여러 번 이직해서 경력이 망가지거나, 원하지 않는 조건으로 회사를 다녀야 할 수도 있기 때문이다. 어떻게 이직을 하느냐에 따라서 결과가 완전히 달라지는 것이다.

이직 카드는 커리어 기간 동안 사용할 수 있어 기회가 한정적이다. 회사에 입사하고 적응하는 기간도 필요하고 스스로 경력 관리를 하려면 무한정으로 사용할 수 없다. 그러므로 프리랜서가 아니라 정규직이라면 이직 카드를 사용할 때에는 신중하게 접근해야 한다. 한 번 사용한 후 그다음까지는 시간이 필요하기 때문이다.

당신은 '프로이직러'인가?

'프로이직러'라는 말이 등장했다. 어떤 측면에서 본다면 이직을 많이 한 사람은 분명히 능력자라고 불릴 수도 있다. 하지만 분명한 사실은 이직 횟수가 많은 사람이라고 해서 채용할 때 특별히 배제하는 기업은 있을 수 있으나 이직 횟수가 많다는 것을 우대 조건으로 삼고 있는 회사는 없다는 것이다.

이직 준비는 단순히 경력기술서를 작성하고 자기소개서를 완성하는 것에서 그치는 것이 아니다. 기본적으로 자신의 커리어에 대한 확실한 방향성과 목표를 설정하는 것이 포함되어야 한다.

이직은 쉽기도 어렵기도 하다. 자신의 눈높이만 낮춘다면 이직하지 못할 이유가 없다. 하지만 내가 만족하고 원하는 것을 충족시켜줄 수 있는 이직은 매우 어렵다. 그렇기 때문에 준비 과정도 오래 걸리고 힘든 부분이 있다. 하지만 성공적인 이직을 만들어낼 수 있다면 삶의 질이 달라질 정도로 자신에게 미치는 영향은 지대하다.

나의 든든한 백, 시드 커리어

시드 머니(Seed Money)는 투자 분야에서 주로 사용되는 말이다. 이때 시드(Seed: 씨, 종자)는 비즈니스 측면에서 어떤 목표를 이루기 위해 또는 수익이 발생할 때까지 버틸 수 있는 최소한으로 필요한 돈을 의미한다. 또한 부실기업을 인수할 사람이 나타날 때까지 가치를 높이기 위해 저리로 신규 대출을 진행하는 것을 의미하기도 한다. 시드 머니가 마련되면 그때부터 본격적으로 비즈니스가 시작되고 열매를 맺기 위한 씨앗을 파종했기 때문에 회생 가능성이 있다고 생각한다.

경력에도 시드 머니와 같은 역할을 하는 '시드 커리어(Seed Career)'가 있다. 아무것도 없는 상태에서 성과를 만들어내기는 정말 어렵다. 그때 시드 커리어는 경력 개발에서 든든한 배경 역할을 해줄 매우 중요하고 유용한 존재다.

이직은 나와 비슷한 능력을 가진 사람들 사이에서의 경쟁이다. 승리하기 위해서는 다른 사람이 가지지 못한 나만의 강점이 있어야 한다. 그리고 다른 경쟁자들이 다 가지고 있는 것이 있다면 나도 반드시 그것을 가지고 있어야 한다. 그래야 최소한 동일 선상에서 출발할 수 있기 때문이다.

만약 현재 자신의 커리어가 망가졌다고 생각한다면 반드시 자신의 커리어를 만들어가기 위한 시드 커리어가 필요하다. 시드 커리어를 기반으로 향후 커리어를 성장시킬 수 있다.

시드 커리어가 반드시 필요한 사람

시드 커리어는 그 사람의 성향이나 책임감을 간접적으로 나타낸다. 한 회사에 3년 이상 다녔던 모든 사람이 업무 역량과 회사에 대한 충성도, 책임감이 뛰어나다고 단언할 수 없지만 자신이 그런 사람이라고 주장하는 것에 대한 최소한의 근거가 될 수는 있다.

자기소개서나 면접에서 책임감이 뛰어나고 회사에 대한 로열티가 높다고 이야기하는 사람이 한 회사에서 1년 이하의 기간을 근무했다면 그 사람의 주장을 받아들일 만한 근거가 부족할 수밖에 없다. 물론 퇴사 사유가 다른 사람이 들었을 때 불가피한 내용이라면 다른 문제다. 예를 들어 급여가 밀렸다든가, 입사 때 했던 근로계약을 지키지 않다든가 한다면 계속 다니는 것이 오히려 마이너스 요인이 될 것이다.

프리랜서나 계약직을 선호해서 짧게 회사를 옮기는 사람이 아니라 정규직을 선호하는 사람이라면 시드 커리어는 반드시 필요하다. 특히 중견 이상 대기업으로의 이직을 생각하며 자신이 담당하고 있는 직무를 지속적으로 개발하는 사람에게 시드 커리어는 반드시 갖춰야 할 필수 조건이다.

대학을 졸업하고 대기업 영업 직무로 입사해서 1년간 근무했던 K씨는 영업 직무가 적성에 맞지 않아서 마케팅 직무로의 전환을 위해 이직을 진행했다. 당연히 영업 직무 경력은 인정받지 못했고 식품 관련 스타트업의 마케터로 입사했다.

원하던 마케팅 업무를 하게 되어 좋았지만 스타트업의 특성상 마케팅 업무 이외에도 영업관리 업무까지 하게 되었다. 업무 전문성을 키우지 못할 것 같다는 생각에 입사한 지 6개월 만에 다른 회사에 온라인 마케터로 입사했다. 이때 커리어 컨설팅을 진행하면서 가능한 오래 현 직장에서 근무하면서 시드 커리어를 만들어야 한다고 조언했다.

입사한 지 2년이 지나자 이제는 헤드헌터로부터 마케터로 이직 제안을 받게 되었다고 연락이 왔다. 초기에 경력이 망가질 수 있는 상황을 시드 커리어를 만듦으로써 방어할 수 있었고 마케터로서 채용 시장에서 인정을 받게 된 것이다.

시드 커리어의 조건

시드 커리어는 경력 개발과 발전을 위한 기초이자 토대다. 특히 경력 5년 이하의 주니어급에서 중요하게 작용한다. 시드 커리어를 보유했는지 여부는 이직을 진행할 때 서류 심사에서 중요하게 작용한다.

내가 생각하는 시드 커리어의 조건은 3년 정도 한 회사에 재직하면서 하나의 직무를 담당하는 것이다. 정말 한 일만 했다는 것이 아니라 회사 사정에 따라서 메인 업무가 있고 서브 업무까지 담당한 경우까지 포함한다. 예를 들어 인사 담당(HRM)인데 HRD(교육) 또는 총무 업무까지 담당했다고 해도 이직 없이 한 회사에서 3년 정도 근무했다면 충분히 시드 커리어를 가지고 있다고 봐도 무방하다.

시드 커리어를 보유한 직장인은 이직할 때 그렇지 않은 사람과의 변별성을 지닐 수 있다. 실제 그 사람의 업무 역량에서 차이가 난다기보다는 이직 서류를 검토하는 인사 담당자에게 긍정적인 면을 부각시킬 수 있다는 점에서 매우 유리하다.

한 업무에 대해 최소한의 전문성을 담보할 수 있는 기간을 어느 정도로 볼 것인지에 대해서는 여러 가지 의견이 있지만 기업에서는 일반적으로 3년 정도면 해당 업무에 대해서는 어느 정도 처리 능력을 가지고 있다고 본다. 혼자서 프로젝트를 담당할 정도는 아니지만 팀장이나 파트장을 옆에서 지원해 성과를 만들어낼 수 있는 수준이라고 보기 때문이다.

경력기술서에 기재한 업무 내용을 확인하는 과정에서 평가하는 사람이 의구심을 가지고 보는 것과 신뢰를 가지고 보는 것과는 큰 차이가 있다. 채용 과정은 면접관이나 뽑는 사람의 주관적인 의견이 합격 여부를 정하는 결정적인 요인이다. 그러므로 3년 정도 근무했으니 업무에 대해 어느 정도는 알고 있겠다고 생각을 하도록 만든다면 합격하는 데 분명히 유리할 것이다.

저렴한데 질까지 좋은 차는 없다

이직도 싼 게 비지떡

많은 사람이 제품을 구매할 때 다른 제품에 비해 가격도 저렴하고 품질도 우수한 제품을 찾으려 노력하지만 실제로 그런 제품을 찾는 것은 거의 불가능하다. 너무 싼 가격은 품질 측면에서 문제가 있거나, 품질이 좋다면 가격경쟁력이 떨어지는 것이 현실이다.

중고차 시장에서 자주 등장하는 말이 있다. "비싸고 안 좋은 차는 있지만 싸고 좋은 차는 없다." 나 역시 이 말에 매우 공감한다. 제품의 품질보다 높은 가격을 주고 차를 사는 사람은 있을 수 있지만 싸고 좋은 차를 사는 사람은 거의 없다. 비슷한 급의 차량에 비해 가격이 저렴한 것은 큰 사고를 냈던 차이거나 침수된 차와 같이 하자가 있는 차일 확률이 매우 높다. 결국 싸고 좋은 차를 찾기보다 연식이나 주행거리나 브랜드를 고려해 자신의 필요에 가장 적합한 차량을 고르고 시장가격에 적합한 제품을 구매하는 것이 합리적인 소비라고 할 수 있다.

이직도 마찬가지다. 나의 커리어를 발전시키고 현재 상황에서 최적의 회사와 직무를 선택해야 하는데 명확한 방향 설정 없이 다 가지려고 하다가는 결국 이직에 성공하지 못할 수 있다.

모든 것을 충족하는 이직은 없다

이직 시장도 어떤 측면에서는 제품 구매할 때와 유사한 면이 존재한다. 비슷한 다른 기업의 직급보다 높은 연봉을 제시하는 곳은 직업 안정성이 다소 떨어지거나 규모가 작은 경우가 많다.

성공적으로 이직하기 위해서는 원하는 바를 정확하게 정해야 할 필요가 있다. 연봉도 높아지고 일하는 시간도 짧아지고 거기에 출퇴근 거리도 단축되는 완벽한 회사는 존재하지 않는다. 이 점을 확실하게 인식해야 할 필요가 있다. 그래야 나에게 반드시 필요한 이직 조건을 확정해서 회사 선택에 집중할 수 있다.

이직을 통해서 직장인들이 가장 이루고 싶은 것은 아마도 연봉 상승일 것이다. 연봉은 그 사람의 능력을 대변하는 기준점이 되기도 한다. 프로스포츠에서 그 선수의 능력치를 짐작할 수 있는 기준이 연봉인 것과 같은 이치다.

내가 무엇인가를 이루려고 할 때 가장 먼저 해야 할 것이 바로 구체적이고 명확한 목표를 세우는 것이다. 장기적인 목표는 다소 추상적이고 개념적일 수 있지만 단기 목표를 설정하는 경우에는 가능한 현실적인 단어와 수치를 동원해서 세워야 한다.

내가 커리어를 개발하고 장기간 경제활동을 하며 안정적인 수입을 얻고자 하는 목표를 이루기 위해서 이직을 선택한다면 그중에서 이 이직을 통해 이루고자 하는 바가 명확해야 한다. 경제적 이익인지, 직무, 기술 관련 개발에 대한 이익인지, 현재 내 지위에 대한 안정성을 추구하는지를 결정해야 한다. 왜냐하면 모든 것을 한 번에 충족시키는 이직은 없기 때문이다.

두 마리 토끼를 쫓다가는 지붕만 쳐다볼 수도…

8년 차 직장인 J씨는 대기업 경영기획팀에 근무하고 있다. 대기업 입사 후 3년 차에 한 번 이직한 다음 현재 회사에 재직 중이다. 아이도 태어나고 돈 들어갈 곳이 많다 보니 현재 연봉이 부족하다는 생각에 이직을 진행했다. 스펙도 좋고 재직 회사도 대기업이라서 헤드헌터로부터 다수의 제안을 받았다. J씨는 현재 연봉 대비 20% 수준의 인상을 원했다. 그러나 비슷한 규모의 대기업은 연봉 테이블이 정해져 있어 원하는 수준의 연봉을 제시받지 못했다.

스타트업에서 경영관리와 총무 업무까지 담당하는 총괄 포지션으로 이직을 진행했는데 최종 합격 후 원하는 수준의 연봉을 받을 수 있었다. 하지만 스타트업이라는 것이 이직을 망설이게 했고 아내 역시 안정적인 대기업을 원했기 때문에 결국 입사를 포기했다.

J씨는 지금도 이직을 하려고 노력 중이다. 하지만 대기업과 연봉 상승 둘 다 충족할 수 있는 곳은 찾기 어렵기 때문에 여전히 결론을 내지 못하고 지속적으로 다른 회사를 찾았다. 결국 현재 회사에서 업무 집중도가 떨어지면서 승진에서도 한 차례 누락한 상태다.

이처럼 이직에 대한 확실한 목적을 정하지 않고 게다가 그 목적이 현실과 부합되지 않고 떨어져 있다면 시간은 흐르고 커리어는 정체될 확률이 매우 높다. J씨가 놓친 스타트업은 현재 시리즈 B 투자를 받으며 성장하고 있다.

자신이 원하는 조건에 초점을 맞추어 이직하라

회사 팀장과 자주 부딪히거나 조직문화가 자신과 맞지 않는다고 느낀다면, 게다가 처우가 만족스러운 상황이 아니라면 자연스럽게 이직을 생각하게 된다. 이직을 하게 되면 지금 내가 겪고 있는 문제가 상당수 해결될 거라 생각하는 사람들이 많다. 하지만 실제로 해결되는 부분은 많지 않다. 가장 확실하게 해결되는 문제는 계약서에 기재할 수 있는 직책이나 연봉 그리고 출퇴근 거리다.

회사 위치를 고려해보면 출퇴근 문제는 가장 확실하게 해결이 가능하다. 재직하고 있는 회사가 지방으로 이전하게 되어 이직을 추진하는 사람을 여러 명 본 적이 있다. 이 경우 출퇴근 가능한 지역에 위치한 회사로의 이직이 첫 번째 목표가 되는 것이다.

국내 금융 대기업에서 서비스 기획 업무를 담당하고 있는 H씨는 맞벌이 부부였다. 아내가 근무하는 회사가 이전하게 되어 어쩔 수 없이 이사를 가야 하는 상황이었다. 아내는 안정적인 공기업에 다니고 있기 때문에 퇴사하기보다는 남편인 H씨가 이직하는 것으로 결정했다. 그래서 이사 가는 지역과 가까운 곳의 핀테크 기업으로 이직했다. 연봉 인상이 없어도 만족할 수 있었고 현재 3년째 근무하고 있다.

이직 고려 시 연봉이 가장 중요하다고 생각할 수도 있다. 유통 부문 대기업에 근무하는 Y씨는 연봉이 그 사람의 능력을 대변한다고 믿는 사람이다. 그렇기 때문에 현재 회사의 연봉 수준은 만족스럽지 못했다. 대기업의 안정성보다는 일이 많고 다소 위험성이 있더라도 연봉을 많이 주는 회사에 가고 싶어 했다. 스타트업에서 제의를 받고 연봉 협상을 거쳐 기본급 20% 인상과 함께 스톡옵션을 받고 이직했다. 일은 힘들고 전 직장과 달리 시스템이 잘 갖춰져 있지 않아서 답답할 때도 있지만 자신이 원했던 연봉을 받았기 때문에 잘 버티면서 다니고 있다.

이직은 만능해결사가 아니다

위의 두 사례는 성공적인 이직이라고 볼 수 있다. 둘 다 전혀 관련 없는 기업이나 직무로 이직한 것도 아니고 본인들이 가장 원하는 것을 충족시켜줬기 때문이다.

앞서 말한 것처럼 이직은 항상 자주 사용할 수 있는 카드가 아니며, 커리어 기간 동안 사용할 기회가 정해져 있다는 것을 잊어서는 안 된다. 회사에 입사하고 적응하는 기간도 필요하고 스스로 경력 관리를 하려면 무한정으로 사용할 수 없다.

왜 이직을 하느냐고 물어봤을 때 사내 조직문화나 인간관계 때문이라고 답하는 사람들은 이직했을 때 리스크가 크다. 왜냐하면 이직하려는 목적이 다소 불명확하기 때문이다. 어느 조직을 가더라도 내가 맘에 드는 사람만 있을 수는 없고 조직문화라는 것도 사람에 따라 만족도가 크게 달라진다. 다소 보수적이지만 인간관계를 중시하는 문화를 선호하는 사람이 있는 반면 그런 문화를 싫어하는 사람도 많다.

그러므로 이직할 때는 워라밸 유무나 조직문화와 같이 주관적인 요인을 보고 선택하는 것이 아니라 명확하게 명시적으로 받을 수 있는 연봉이나 스톡옵션 또는 기업의 성장 가능성, 자신이 실제 성과를 잘 낼 수 있는 직무를 우선적으로 고려해서 결정해야 한다.

이직으로 현직의 불만을 한꺼번에 다 해소시킬 수는 없다. 그런 이직은 상상 속에나 존재한다. 따라서 이직할 때는 자신에게 해결해야 할 문제가 무엇인지 우선순위를 작성한 다음 그것에 초점을 맞추어 이직 프로세스를 짜야 한다. 저렴하면서도 좋은 차는 시장에 나오지 않는다. 이 점만 명심한다면 이직이 우리를 더 힘들게 하는 일은 없을 것이다.

목표 없는 이직은 퇴직으로 이어진다

철학이 있는 사람

이직은 직장인이라면 필연적으로 마주해야 할 인생의 과정 중 하나다. 처음 직장에서 퇴직할 때까지 근무하는 사람을 찾아보기 힘들기 때문이다.

나는 이직을 계획하는 사람들에게 꼭 필요한 덕목 중 하나로 '확실한 자기 철학'을 강조하고 싶다. 성공적인 이직을 하고 싶다면 왜 이직을 하는지에 대한 확실한 자기 철학과 생각이 있어야 하기 때문이다. 이직의 이유로 '그냥', '지금보다 조금 나아지지 않을까?', '어딜 가나 비슷하지 뭐' 이렇게 근거 없는 희망 섞인 답변을 한다면 지금은 이직할 타이밍이 아니다. 최소한 '연봉이 오르니까', '평소 내가 가고 싶어 하던 기업이라서', '인더스트리를 변경하고 싶어서'와 같이 명확한 이유가 있어야 한다. 이직을 통해 이루고 싶은 목표가 있어야 새로운 환경에 적응하는 에너지를 만들어낼 수 있고 자기가 생각한 기간 동안 다닐 수 있는 원동력이 될 것이다.

그다음 강조하는 것은 자기 철학에 기반한 확실한 목표를 설정하라는 것이다. 목표 없는 추진체는 공허하다. 앞이 보이지 않는 것만큼 힘이 빠지게 만드는 것이 없다. 목표를 설정해야 그것을 이루겠다는 동기부여가 자연스럽게 따라올 수 있다.

이직은 전체 커리어를 감안해서 해야 한다

그렇다면 자기 철학과 이에 기반한 목표를 설정하기 위한 동력은 어떻게 찾아야 할까? 먼저는 자신의 커리어에서 출발하길 조언한다. 직장인이라면 누구나 자신의 커리어에 관심을 가져야 한다.

어떻게 해야 내 커리어를 잘 만들 수 있을까? 잘 만든다는 말은 사람에 따라 다르다. 어떤 사람은 40세 이전에 최대한 많은 연봉을 받아서 파이어(FIRE)족이 되고자 할 것이고, 또 다른 사람은 100세 시대니 최대한 오랜 기간 경제활동을 해야 하기 때문에 연봉이나 조직문화보다는 안정성을 최우선으로 생각할지 모른다. 이것은 옳고 그름의 문제가 아니라 개인의 취향과 선호도의 문제라고 볼 수 있다.

이직은 직장인이 자신의 커리어 목표를 이루기 위해 선택할 수 있는 몇 안 되는 방법 중 하나이며 의사, 변호사와 같은 전문자격사가 되거나 공무원이 되는 방법을 제외하면 직장인이 확실한 자기 커리어 포지션을 업그레이드할 수 있는 방법이다.

그러므로 이직을 할 때 자신의 커리어 개발 과정을 반드시 고려해야 한다. 이직을 통해 내가 얻을 수 있는 커리어 관리의 장점이 무엇인지, 이 다음 단계로는 어떻게 해야 할지에 대해 완벽하게 구체적이진 못해도 어느 정도 가이드라인은 잡아놓아야 한다.

커리어 도전에 성공하려면 결심이 우선이다

외국계 제약회사의 회계팀에 근무하고 있는 H씨는 자신의 미래에 대한 계획 중 하나로 전문자격증인 세무사 자격증에 관심을 두고 있었다. 친척 중에 세무사 업무를 하는 분으로부터 받은 영향도 있고 적성에도 잘 맞는다고 판단해 자격증 공부에 도전하기로 했다. 회사를 다니면서 하기에는 무리가 있기 때문에 퇴사를 해야 하는데 합격까지 얼마가 걸릴지 모르는 불안한 상황에서 무작정 그만두는 것은 위험했다.

그러던 중 지인으로부터 지방 근무 제의를 받았고 연봉은 조금 줄어들지만 1인 1실 숙소를 제공한다고 해서 이직을 결심했다. 숙소 제공으로 월세를 아낄 수 있었고 아는 사람이 없는 환경에서 공부에 집중할 수 있을 것이라 생각한 것이 이직 이유였다. 지방에서 2년 동안 근무하면서 동시에 시험공부를 했고 퇴사한 다음 1년 뒤에 세무사 자격증을 취득하게 됐다. 지금은 자신의 이름으로 세무사 사무실을 운영하고 있다. H씨는 지방에서 근무하는 동안 정말 공부에 집중할 수 있어서 자격증 취득에 도움이 되었다고 했다.

SW 개발자인 A씨는 현재 이커머스 기업에서 5년 차 대리로 근무 중이다. A씨는 항상 금융권으로 이직하고 싶어서 여러 번 금융기업에 지원했지만 실패했다. 아무래도 동종기업을 선호하는 분위기 때문에 이직이 쉽지 않았다.

그러던 중 핀테크 기업의 포지션을 제안받게 되었다. 그 회사는 간편결제 관련 회사인데 그 분야에서 선두권에 있는 기업은 아니었다. 처음에는 거절하려 했으나 회사에 대해 알아보니 그 회사 출신들이 생각보다 좋은 기업으로 이직한 사례가 여러 번 있었다. 현재 금융기업에 재직하고 있지 않으므로 앞으로 금융권 기업으로 가기 위한 발판으로 삼기 위해 이 회사로 이직했다. A씨는 계획대로 3년 후 포털에서 만든 금융기업으로 이직에 성공해서 원래부터 가지고 있던 자신의 목표를 이루게 되었다.

'나 믿고 같이 가자'를 조심하라

이직은 지극히 현실적으로 접근해야 한다. 상사가 먼저 다른 회사로 옮기고 나서 같이 일하자고 제의하거나 지인이 추천하는 회사로 이직하는 경우가 있는데 헤드헌터로서 추천하지는 않는다. 왜냐하면 자신의 상사나 추천하는 사람을 믿고 구체적이고 세부적인 내용을 확인하지 않는 경우가 있기 때문이다. 또는 앞으로 어떻게 해주겠다는 약속을 믿고 가기도 한다. 문제는 그 사람이 당신을 배신해서 생기는 문제가 아니라 그 사람이 컨트롤할 수 없는 요인으로 인해 원치 않는 방향으로 변화가 생길 수 있기 때문이다.

스타트업에서 마케터로 근무하는 4년 차 직장인 P씨는 지금보다 큰 기업으로 옮기기 위해 이직 컨설팅을 신청했다. P씨는 서울 중상위권 대학을 졸업했고, 해외 연수를 통해 영어 구사 능력을 갖춘 능력 있는 사람이었다. 경력 사항을 보니 첫 직장이 누구나 알 만한 이커머스 기업이었다. 그 기업에서 2년 근무하다가 스타트업으로 이직했고 거기서 8개월 근무, 그다음도 역시 비슷한 수준의 이커머스 스타트업에서 근무 중이다.

당연히 궁금했다. 도대체 첫 회사에서 왜 그 작은 회사로 이직을 했을까? 이유는 같이 근무하던 팀장이 그 회사로 이직하면서 같이 가자고 해서 갔다는 것이다. 팀장과 워낙 사이도 좋았고 팀장이 앞으로 잘 이끌어주겠다고 해서 옮겼다는 것이다. 문제는 그 팀장이 몇 달 만에 대표와 의견 대립이 심해져서 회사를 그만둔 것이다. 팀장하고 함께 이직한 P씨도 이런저런 말이 나와 지내기가 조금 어색해져서 서둘러 이직을 했다고 했다. 그렇게 경력이 원치 않은 방향으로 흘러가게 된 것이다. 처음 회사보다는 크지 않지만 그래도 중간 규모의 회사로 이직에 성공해서 다니고 있다. 만약 처음 회사에서 4~5년 근무했다면 지금보다 훨씬 좋은 조건으로 원하는 회사로 이직이 가능했을 것이다. 한 번의 실수로 2년이라는 시간을 허비하고 경력의 질이 떨어지게 되었다.

누군가를 믿고 이직하는 것은 상당히 조심해야 한다. 친한 사람에게 돈을 꿔주지 말라는 이야기를 많이 들어봤을 것이다. 돈도 잃고 사람도 잃게 되기 때문이라는 것인데, 돈을 갚지 못하게 된 사람 입장에서 아마도 나름 빌린 돈을 갚을 계획이 있었을 것이다. 언제 돈이 들어오니 갚으면 되겠다고 말이다. 그런데 그 계획이 어그러지는 순간 빌려준 사람과의 관계는 돌이킬 수 없게 된다.

자신의 회사에 오라는 지인, 특히 회사 팀장이나 선배가 악의적으로 당신의 노동력을 착취하기 위해서 오라고 하지는 않을 것이다. 정말 선의로 했겠지만 이직은 내 삶의 중요한 커리어를 좌우하는 중요한 것이기 때문에 신중하고 이성적인 접근이 필요하다. 최소한 '저 사람 믿고 간다'라는 생각이 아니라 회사의 성장 가능성이나 연봉같이 확인 가능한 수준의 조건을 보고 결정해야 한다.

눈으로 확인 가능한 조건을 위주로 결정하라

이직을 준비해서 지원한 회사에 최종 합격하게 되면 지금 다니던 회사를 떠나 그 회사에 입사해야 할지를 결정해야 한다. 처음에 그 회사에 지원할 때 분명히 목적이 있었을 것이다. 연봉 조건이 좋아서, 출퇴근 거리가 가까워져서, 회사가 안정적이어서, 앞으로 발전 가능성이 높은 아이템으로 사업을 하는 회사이기 때문에 등 다양한 이유가 존재한다.

사람들이 이직을 생각하게 되는 이유 중 상당 부분이 대인 관계에서 오는 스트레스와 조직문화 때문이다. 재직하는 회사의 분위기가 너무 보수적이어서 답답하다는 사람은 조금 더 자율적인 문화를 가지고 있는 스타트업이나 IT 기업으로 이직을 원하곤 한다. 그리고 지금 같이 지내는 팀장이나 팀원 때문에 받는 스트레스가 심해서 이직하려는 사람도 있다.

이직을 결정하는 다양한 요인들은 크게 눈으로 확인 가능한 것과 그렇지 못한 것으로 구분할 수 있다. 눈으로 확인 가능한 것은 연봉, 복리후생과 같은 처우조건 그리고 회사의 안정성을 판단할 수 있는 재무제표나 회사 실적 리포트가 있다. 그중에서도 가장 확실한 것이 오퍼에 기재된 나의 연봉 조건과 직급, 직책이다.

회사의 조직문화, 사무실 분위기 그리고 가장 중요한 나의 상사나 동료들이 어떤 사람인지에 대한 내용은 눈으로 확인이 불가능하고 사람들과 같이 근무해보기 전에는 파악하기 힘들다. 팀장은 실무진 면접 때 만났기 때문에 그 사람에 대한 대략적인 느낌은 가질 수 있지만 만나보지 못한 사람들에 대해서 사전에 알아볼 수 있는 방법이 없다. 만약 내가 이직할 회사에 지인이 근무하고 있다면 그 사람을 통해 이런저런 상황을 파악해볼 수 있지만 그것도 내가 가는 부서와 유관 부서이고 밀접한 관련이 있어야 가능할 것이다. 특히 대기업은 사업부 단위가 워낙 크기 때문에 같은 회사라고 해도 얼굴 한번 마주치지 못한 사람이 많다.

이직할 회사를 결정하는 것은 개인의 입장에서 굉장히 중요한 기회이므로 신중하게 접근해야 한다. 신중하게 접근한다는 것은 최대한 객관적이고 확인 가능한 내용을 가지고 결정해야 한다는 뜻이다. 내가 이직하고자 하는 이유가 조직문화가 맞지 않아서이거나 사람으로 인한 스트레스 때문이라면 리스크가 크다. 왜냐하면 새로 입사하는 회사와 지금 나에게 스트레스를 주고 있는 회사가 확실히 다르다는 것을 확인할 수 있는 방법이 없기 때문이다.

이직은 새로운 계약의 성립이다. 내가 새로운 회사와 새로운 조건으로 근로 계약을 체결하는 과정이기 때문에 지극히 공적인 영역이고 최대한 이성적으로 판단해야 한다. 문서에 확실하게 기재된 것을 위주로 결정해야 한다. 그래야 나중에 후회가 없고 후회를 하더라도 최소한의 손해로 막을 수 있다.

'~가 싫어서', '~가 없었으면 좋겠어서', '~를 피하려고' 등 이런 이유 때문에 하는 이직은 성공하기 힘들고 새로운 회사에서 가서도 같은 상황이 반복될 가능성이 높다. 이직은 내 커리어를 위해서, 내 목표를 이루기 위해서 등과 같이 목표가 정해져 있고 그것을 위한 과정이어야 한다.

갈아탈 회사와 갈아탈 타이밍을 잡아라

이직이 모두의 고민이라면…

이직은 모든 직장인이 고민하는 공통 주제다. 심지어 안정적이고 이직 생각이 전혀 없을 것 같은 공기업 근무자 역시 이직을 생각한다. 아마도 현실에 완벽하게 만족하고 있는 직장인이 아니라면 이직에 대해 진지한 고민은 필수다(현 직장에 만족하고 있는 사람이라도 지금보다 나아질 수 있다면 이직에 관심을 보일 것이다).

이직의 유형은 크게 2가지로 나눌 수 있다. 현재 상황을 모면하기 위한 도피성 이직과 자신의 커리어와 능력을 성장시키는 성장형 이직이 있다. 명칭만 보더라도 어떤 이직이 자신에게 도움이 되는 것인지 바로 알 수 있을 것이다.

사람 때문에 이직하지 마라

도피성 이직은 현재 내가 직장에서 겪고 있는 어려움(업무, 대인관계), 매너리즘 등 다니고 있는 회사에서 해결하기 어렵다고 생각해서 해결 방법으로 이직을 선택하는 유형이다. 상사와의 갈등이 있는 경우(우리 팀장 하는 짓이 맘에 안 들어), 공평하지 않은 처우(이 팀에서는 나만 일하는 거 같아), 상대적으로 적은 연봉, 과도한 업무 같은 문제들은 직장인이라면 누구나 한 번 이상은 경험해봤을 것이다. 그만큼 직장에서 흔하게 볼 수 있고 발생할 수 있는 일이라는 의미이며 그렇다면 어느 회사에 가더라도 이런 비슷한 일이 발생하지 않을 가능성이 낮다는 말이다. 일단 옮기면 이런 문제가 해결될 것이라고 막연한 기대감을 가지고 이직을 하게 되면 오히려 더 좋지 않은 상황에 직면할 수도 있다.

특히 사람 때문에 이직을 추진한다면 더욱 신중해야 한다. 이직은 나만 하는 것이 아니라 모든 직장인이 다 할 수 있기 때문이다. 중견 제조업에 다니는 B씨는 답답하고 고지식한 팀장 때문에 스트레스를 받고 있다. 팀의 실적을 올릴 수 있는 업무는 다른 팀장에게 빼앗기고 다른 팀장들이 하기 싫어하는 업무만 자꾸 가져오기 때문이다. 여러 번 이런 상황에 대해 이야기했지만 팀장은 회사 다니면서 어쩔 수 없는 부분이니 이해하라는 말만 반복할 뿐이다.

더 이상 참기 어려워진 B씨는 이직을 진행했다. 비슷한 규모의 다른 회사에 지원해 면접을 봤는데 실무팀장과 이야기도 잘 통하고 그 팀장도 B씨를 상당히 맘에 들어 했다. 이런 팀장이라면 같이 일할 수 있겠다는 생각에 연봉도 거의 기존 수준으로 협의해 이직했다. 한동안 업무 적응도 문제 없이 하면서 지냈는데 입사 3개월 만에 팀장이 다른 회사로 이직하게 됐다.

문제는 후임 팀장으로 온 사람은 기존 회사 팀장이 더 괜찮다는 생각이 들 정도로 자신과 맞지 않았다. 업무에 적극적이지 않고 대부분의 업무를 B씨에게 떠맡기는 일이 반복되었다. 결국 B씨는 새로운 회사에 입사한 지 6개월 만에 다른 곳으로 이직했다. 짧은 시간에 이직했기 때문에 지금보다 더 좋은 조건을 제시받지 못했고 오히려 자신의 경력에 오점을 남기게 되었다.

도피성 이직이라면 다시 생각하자

도피성 이직은 문제를 해결하는 방법이 아니라 오히려 악화시킬 가능성을 높이기 때문에 해서는 안 되는 이직이다. 세상을 살다 보면 정말 다양한 사람을 만나게 된다. 그중에서 나와 잘 맞고 이야기가 통하는 사람은 생각보다 많지 않다. 그리고 맘에 맞는 사람을 내가 일하는 직장에서 같은 팀으로 만날 확률은 생각보다 더욱 높지 않다. 그런 희박한 확률에 나의 커리어를 거는 것처럼 위험한 일을 해서는 안 된다.

나는 '어디에 가더라도 직장인은 다 비슷하다'라는 말을 좋아하지 않는다. 회사마다 사람마다 특성이 있기 때문에 자신에게 적합한 회사는 존재하기 마련이다. 다만 나와 맞지 않는 사람과도 잘 지낼 수 있는 강력한 멘탈과 마인드를 가지고 있어야 살아남는 데 유리할 것이다.

만약 당신이 대기업에 재직 중인데 사람으로 받는 스트레스가 있다면 급하게 이직할 생각을 버리고 반드시 회사 내에서 버티길 바란다. 대기업은 기본적으로 순환 근무를 채택하고 있다. 게다가 사업부별로 조직개편이라는 연례행사가 있다. 나랑 맞지 않는 사람이 언제까지 그 자리에 있을지는 아무도 장담할 수 없다. 내가 다른 팀으로 갈 수도 있고 그 사람이 다른 팀으로 갈 수도 있다. 버티다 보면 분명히 상황은 변할 수 있다.

통신기업에 근무하는 P 과장은 업무 스타일이 시원시원하고 신속한 대신 세부적인 항목에 대해서는 조금 미흡하다는 평가를 받는 사람이다. 다른 팀으로 배치받았는데 그 팀의 팀장은 '미스터 디테일'이라는 별명을 가지고 있을 만큼 신중하고 세부적인 항목까지 챙기는 스타일이었다. 당연히 팀장이 보기에는 P 과장이 맘에 들지 않았고 일반적인 업무까지 지적하게 되자 P 과장은 상당한 스트레스를 받게 되었다.

이직을 해야겠다고 주변에 이야기했을 때 선배로부터 조만간 사업부의 개편이 예정되어 있다는 말을 듣고 그때까지 버티기로 했다. 결국 그 팀장은 신규 사업부서로 가고 과거 같은 팀에서 함께 일했던 사람이 팀장으로 왔다. P 과장은 3년 정도 더 근무한 다음 좋은 조건으로 스타트업에 이직해서 지금도 잘 다니고 있다.

자신에게 좋은 이직이란

회피성 이직과 대척점에 있는 것이 바로 성장형 이직이다. 성장형 이직은 여러 이직의 유형 중에서 가장 바람직하고 이상적인 형태다. 장기적인 측면에서는 자신의 커리어를 개발하고 성장하는 데 도움이 된다. 만약 당신이 리스크를 감수하고 연봉도 양보할 만큼 충분한 투자가치가 있다고 생각해서 회사를 옮긴다면 그것이 바로 성장형 이직이다.

경력직은 담당 업무를 변경하는 것이 매우 어렵다. 채용 과정에서 특정 업무에 대한 전문성을 가장 중요한 기준으로 보기 때문이다. 그러므로 이직을 통해 업무를 변경하는 것은 쉽지 않다. 하지만 지금까지 해왔던 업무에 대한 스킬과 전문 지식이 필요하고 중요한 역할을 담당하는 자리라면 충분히 가능하다. 예를 들어 B2C 채널을 주력으로 삼고 있는 기업의 영업기획이나 영업관리 직무는 유통 채널별 상황을 잘 알고 있기 때문에 새롭게 그 사업에 진출하고자 하는 기업의 팀장급이나 전략기획 포지션으로 업무를 바꿔서 이직이 가능하다.

중견 식품기업의 오프라인 유통채널 사업부의 영업기획팀장인 L씨는 새롭게 식품유통 사업에 진출하는 대기업 신규 사업부의 전략기획팀장으로 이직했다. 다년간 영업 채널 전체를 관리하고 기획했던 업무 능력이 채용 기업에 적절하게 어필되어 영업부에서 전략부로 이직할 수 있었다. 영업에 대한 높은 이해도와 실무 지식을 토대로 전략 수립 업무까지 경험하고 어느 정도 실적을 낼 수 있다면 사내 승진이나 좀 더 좋은 조건으로의 이직도 가능할 것이다.

이처럼 성장형 이직은 개인의 능력이 좀 더 잘 발휘될 수 있는 회사로 가거나, 관리자급이라면 지금 담당하고 있는 조직보다 큰 조직을 관리하는 포지션으로 옮기는 것을 말한다. 두 경우 모두 분명 성장형 이직에 속한다.

이직 타이밍을 급하게 잡을 필요는 없다

언제 이직하는 것이 좋은가에 대한 정답은 없다. 왜냐하면 사람마다 다니는 회사가 다르고, 업무가 다르고, 경력이 다르기 때문이다. 총무, 회계, 전략, 기획과 같은 관리 직무는 짧은 근속연수가 단점이 될 수 있지만 개발이나 영업, 디자인 부문과 같은 직무는 한 회사에서 오래 근무했다는 것이 큰 장점이 되지 않기 때문이다.

경력직 시장에서 가장 선호도가 높은 직급은 대리~과장급이다. 정확히 말하면 대리 2년 차 이상 과장 2년 차 이하라고 볼 수 있다. 이 직급대가 기업에서 가장 실무를 많이 하기 때문에 채용 시장에서도 수요가 가장 많다. 내가 담당하는 프로젝트의 70% 정도가 여기에 해당한다. 다른 헤드헌터들의 상황도 크게 다르지 않다. 그러므로 당신의 경력이 여기에 속한다면 이직할 수 있는 가장 유리한 타이밍이라고 생각해도 무방하다.

나에게 일반적으로 유리한 이직 타이밍은 존재하지만 최적의 이직 타이밍은 나의 노력으로 만들어야 한다. 업무 능력과 성과도 중요하지만 주변 기업 환경의 변화도 잘 살펴봐야 한다. 성장형 이직이 가능한 포지션이 갑자기 나와서 이직하는 것이 아니라 이직할 준비를 완성한 뒤에 채용 공고 검색과 같이 이직 활동을 하면서 기회를 포착해야 한다. 기회는 우연히 오기도 하지만 준비하지 않은 사람은 그 기회를 잡기 어렵다.

이직에서 근속연수가 중요한 이유

근속연수는 이직 과정에서 매우 중요한 요인이다. 전체 경력 연수도 중요하지만 한 회사에 입사해서 어느 정도 기간을 근무했는지에 대해 기업마다 평가 기준을 다르게 적용한다. 영업이나 IT 개발, 디자인 분야같이 자신의 성과가 명확하고 이직 횟수에 대해 관대한 직무도 있지만 회계, 재무, 인사, 경영기획과 같이 관리 직무에 있어서는 특히 근속연수를 지원자를 판단하는 데 중요한 요인으로 생각하는 기업이 많다.

중견기업에서 10년 차 과장급을 채용할 때 최종적으로 두 명이 후보자로 압축되었다. 전체적인 업무 역량이나 스펙은 비슷한 상황이었다. 다만 후보자 A는 10년간 재직 회사가 네 곳으로 평균 재직연수가 2.5년인 데 반해 후보자 B는 이직이 처음인 사람이었다. 결론은 B가 최종 합격했다. 이직 횟수가 적기 때문에 입사한 후 금방 퇴사할 확률이 낮다고 판단한 것이다.

회사 입장에서는 경력직이 입사해서 당연히 업무 역량을 발휘해서 성과를 내주길 바라는 것은 당연한 부분이고 그 외에 입사해서 최소한 일정 기간 이상은 재직해줄 것을 기대한다. 채용 과정을 진행하면서 많은 리소스와 에너지가 소모되기 때문에 회사 입장에서 같은 포지션의 채용을 반복하고 싶지 않기 때문이다. 결국 일 잘하는 사람이 입사해서 오랫동안 다니는 것이 회사 입장에서 가장 베스트 시나리오가 되는 것이다.

횟수도 중요하다

인사팀에 근무하는 G씨는 전체 업무 경력이 10년 차인데, 나이를 더 먹기 전에 이직해야 할지 고민하고 있다. 지금 회사로 옮긴 지는 1년 2개월 정도 지났으며 그 전에 이직 횟수는 4회로 적다고 볼 수 없는 상황이다. 지금 다니는 회사보다 좀 더 큰 회사로 가야 오래 다닐 수 있을 거라 생각해서 이직을 준비 중인데 생각보다 성과가 없었다. 왜냐하면 잦은 이직 횟수가 발목을 잡았기 때문이다.

잦은 이직은 나중에 본인이 정말 가고 싶은 기업의 채용 공고가 나왔을 때 의도치 않게 발목을 잡을 수도 있다. 이직 횟수를 제한하거나 가능한 적은 이직 횟수를 가진 사람을 추천해달라는 기업이 생각보다 많기 때문이다. 심지어 이직 횟수를 정해주는 기업도 있다. 이런 경향은 해야 할 일이 많고 업무 범위가 넓은 스타트업보다는 중견기업, 대기업일수록 뚜렷하게 나타난다.

G씨는 이런 상황을 정확하게 인지하고 대기업만 고수하지 않고

여러 가능성을 염두에 두면서 이직을 급하게 서두르지 않았다. 그러다가 회사에서 HR 시스템 구축 프로젝트를 담당하면서 IT 관련 배경지식을 습득할 수 있었고 이 경험을 토대로 성장하는 IT 스타트업의 인사총괄로 이직에 성공했다.

스스로 이직 횟수가 많다는 생각이 들고 지금 근속연수가 1년이 넘지 않았다면 조금 더 시간을 두고 이직하는 것이 좋다. 나이를 먹어갈수록 이직이 어려운 것이 현실이다. 그러므로 30대 중후반으로 갈수록 이직은 조금 더 신중하고 보수적으로 접근할 필요가 있다. 신중하고 보수적으로 접근하라는 의미는 대기업만을 생각하라는 것이 아니라 현재 자신의 상황을 최대한 객관적으로 인식하고 거기에 적합한 방식을 선택하라는 뜻이다.

이직도 노력만큼 얻는다

내가 생각하는 적합한 이직 타이밍은 나는 언제 이직해야 할 것인가 그리고 무엇을 위해 이직을 할 것인가에 대한 고민을 하고 난 다음이라고 생각한다. 이직하기 위해서는 많은 노력이 필요하다. 바쁜 업무 중에도 시간 내서 경력기술서와 자기소개서를 준비해야 하고 주기적으로 자신의 업무와 성과를 경력기술서에 업데이트해야 한다. 그런 다음 내가 원하고 적합한 포지션을 찾았다면 그때는 망설이지 말고 적극적으로 진행해야 한다.

커리어 리셋은 오늘의 희생을 요구한다

제로 베이스에서 시작하기

첫 직장에 입사하게 되면 자신의 커리어가 시작된다. 시작이 중요한 이유는 처음 어떤 업무를 맡느냐에 따라 향후 내가 어떤 방향으로 커리어 패스를 만들어나가야 하는지에 대한 중요한 기준을 세우는 일이기 때문이다. 이를 토대로 경력이 쌓이면서 담당했던 업무에 대한 전문성과 역량이 올라가는 대신에 다른 업무를 할 수 있는 기회는 점점 사라지기 때문에 어떤 회사에서 어떤 업무로 시작하느냐는 매우 중요하다.

커리어 리셋은 지금까지 했던 업무와는 완전히 다른 새로운 업무를 하기 위한 과정이다. 제로 베이스에서 시작하게 되며 경력은 인정되지 않을 확률이 매우 높다. 지금까지 힘들게 배웠던 지식과 업무 스킬이 새로운 업무와 접점이 없기 때문에 업무상으로는 전혀 도움이 되지 않을 것이다. 회사라는 조직에 속해 있으면서 다양한 사람들과 함께 일했던 경험은 여전히 효용 가치가 있지만 그 외 얻었던 것들은 포기해야 한다.

기본적으로 경력직 채용에서 가장 중요한 포인트는 각자 담당하는 업무에 대한 전문성이다. 업무 전문성을 최우선으로 고려하는 상황에도 불구하고 많은 직장인들은 현재 하는 업무보다 좀 더 성장 가능성이 높고 다수의 기업들이 선호하는 직군으로 이직을 생각하고 있다. 결론적으로 5년 이상 경력직에게 커리어 리셋은 정말 리스크가 크다. 현실적으로 좋은 결과를 얻는 사례를 본 적이 거의 없을 정도다.

힘들지만 아무나 할 수도 없는 것

커리어 리셋은 지금까지 했던 것을 뒤집고 새로 시작하는 개념이다. 처음 신입 사원으로 일을 시작했을 때와 같은 과정을 다시 겪어야 한다. 똑같은 일을 한번 더 하면 쉬워지는 경우도 있지만 이직의 분야에서는 반드시 그렇다고 단언하기가 어렵다. 신입 사원 때와 지금의 나는 분명히 다르기 때문이다. 생각도 다르고 나이도 다르고 주변 환경도 다르다. 내 친구들은 이미 회사에서 자리를 잡고 열심히 일하고 있는데 나만 처음부터 다시 시작해야 한다면 정말 단단한 마인드를 가지고 있지 않다면 포기하고 싶은 생각이 정말 많이 들 것이다.

커리어 리셋을 통해 새로운 길을 개척하고 싶은 사람은 아직까지 직장 경력이 길지 않아야 유리하고 가능하다. 비록 요즘 회사는 나이와는 상관없이 직급과 직책으로 사람을 대한다고 하지만 아무래도 자기보다 나이 많은 후배와 부하 직원은 피하고 싶어 하는 것이 당연하다. 새로운 길을 다시 개척하는 것은 생각보다 힘들고 어렵다는 것을 확실하게 알고 있어야 한다.

그래도 만약 당신이 커리어 리셋을 통해 커리어를 바꾸고 싶다면 도전할 가치는 충분하다. 앞으로 오랜 기간 커리어를 기반으로 일을 해야 하기 때문이다. 당신의 경력이 3년이 넘지 않는다면 도전해볼 만하다고 생각한다. 하지만 3년이 넘어가게 되면 커리어 리셋의 난이도는 급격하게 상승하게 된다. 위에서 언급한 대로 한창 일할 나이의 소중한 시간과 경험을 잃어버린다는 것은 시간이 갈수록 핸디캡으로 작용하기 때문이다.

도전할 기회가 있다는 것을 소중하게 생각해야 한다. 이미 시간이 많이 흐른 사람들은 그럴 기회조차 얻기 어렵기 때문이다. 그리고 리셋한 다음 어떤 직무와 회사를 선택할 것인지에 대한 결정은 정말 신중에 신중을 거듭해서 내려야 한다. 자칫하면 시간은 시간대로 돈은 돈대로 사용하게 되고 정작 중요한 내 커리어는 발전이 없을 수도 있기 때문이다. 방향이 정해지면 다른 것은 돌아보지 말고 앞만 보고 우직하게 전진하는 모습을 보여야 한다. 그래야 흔들리지 않고 원하는 목표에 도달할 수 있다.

커리어 리셋의 종류

커리어 리셋은 기본적으로 다니던 회사를 바꾸는 개념이다. 재직하는 회사에서 직무만 변경하는 것은 커리어 리셋이 아니라 커리어 패스를 변경하는 것이다. 예를 들어 영업팀에 있다가 감사팀으로 업무를 바꾸는 것을 커리어 리셋으로 보기는 힘들다.

커리어 리셋은 큰 관점에서 2가지로 나눌 수 있다. 하나는 하던 업무를 유지하면서 지금 다니는 회사보다 더 큰 회사나 유망기업의 신입 사원으로 지원하는 방식이다. 일명 '올드 루키'라고 부르는 이 방식은 안정적이고 성공 가능성이 높은 커리어 리셋 방법이라고 할 수 있다. 공백기도 없고 나중에 이직할 때 경력도 인정받을 수 있다.

또 다른 하나는 업무까지 완전히 변경하는 방식이다. 새로운 업무를 수행할 수 있는 자격을 갖추기 위해 교육을 받은 다음 신입 사원으로 지원하는 방법이다. 이 방법은 올드 루키보다 훨씬 리스크가 크다. 왜냐하면 교육받는 동안에는 수입이 없을 것이고 온전히 모든 시간과 에너지를 교육받는 데에 쏟아야 하기 때문이다.

가장 큰 문제는 교육받은 다음 재취업에 대한 불확실성이 존재한다는 것이다. 기껏 비용을 들여서 교육을 마쳤는데 실제 시장에서 인정받지 못할 수도 있다. 그래서 특히 자격증을 취득해서 새로운 분야에 도전할 때에는 신중해야 한다. 내가 따려는 자격증이 정말 취업할 때 도움이 되는지, 그 외 다른 필요조건은 없는지 잘 알아봐야 한다.

자기 몸에 맞는 옷을 찾은 O씨

서울 중상위권 대학의 산업공학과를 나온 O씨는 취업이 잘 된다는 이유로 전공을 선택했지만 대학 시절 동안 공부하면서 자기 몸에 맞지 않는다는 생각을 가졌었다. 좋아하는 일보다 안정적인 미래를 위한다고 생각하면서 졸업까지 무사히 했지만 여전히 전공 관련된 직무를 하고 싶진 않았다. 그러던 중 헤드헌터라는 직업을 알게 되었다. 헤드헌터라는 직업이 가지는 이미지가 좋았고 이 분야에서 전문성을 키우면 나중에 다양한 방향으로 커리어를 키울 수 있을 것으로 생각해 서치펌에 입사했다.

하지만 현실은 만만치 않았다. 2년 정도 근무했지만 뚜렷한 성과를 내지도 못했고 팀장도 성과가 없는 O씨에게 압박을 가하기 시작했다. 그러던 중 SW 개발 분야로 취업한 선배로부터 SW 개발 분야가 유망하다는 이야기를 듣고 관련 교육 프로그램을 조사해본 결과 충분히 해볼 만하다는 생각을 갖게 되었다. 퇴사한 다음 여러 교육기관에서 1년 6개월 정도 프로그램 교육을 받았다. 관련 학과를 졸업하진 못했지만 그래도 나름 괜찮은 대학을 나왔기 때문에 SI 업체에 취업했다. 거기서 3년 정도 높지 않은 연봉을 받으면서도 꾸준하게 자신의 역량과 실력을 높여서 현재는 유명 핀테크 기업의 SW 개발자로 높은 연봉과 만족도를 갖고 근무하고 있다.

O씨는 커리어 리셋을 통한 성공적인 대표 사례다. 언뜻 보면 쉬워 보일 수 있는 일이지만 O씨는 과감하게 현재 직장을 정리하고 성장 가능성이 높은 직무로 전환하기 위해 정말 많은 노력을 기울

였다. 교육 기간 동안에는 수입이 없어서 기존에 저축한 것으로 버텼으며 처음 입사한 회사에서는 엄청난 업무 강도를 버텨냈다. 이처럼 커리어 리셋은 쉬운 일이 아니다. 자기가 선택한 길에 대한 확신과 끈기가 있어야 커리어 리셋을 통한 커리어 개발이 가능하다는 것을 잊지 말아야 한다.

시간이 지날수록 지금 하는 일에 대한 확신이 없고 다른 일을 해야겠다는 생각이 든다면 커리어 리셋에 도전해볼 가치는 충분히 있다. 다만 지금 회사 다니는 것보다 훨씬 힘들 수 있으며 어지간한 마인드로는 견디기 어렵다는 것을 스스로 알고 있어야 한다. 기존 판을 뒤엎고 새로운 판을 짠다는 것은 지금까지 내가 해온 많은 부분을 포기하고 새로운 마음으로 시작해야 한다는 의미임을 잊지 말아야 할 것이다.

이직 후 3개월간 워라밸은 잊어라

이직의 완성은 새로운 회사로의 성공적인 안착이다

기업으로부터 최종 합격 통보를 받으면 가장 어렵다는 처우 협의를 진행하게 된다. 이후 현재 다니던 직장에 퇴사를 통보하고 입사 일정까지 확정하면 이직 절차가 완료된다. 이제 남은 것은 새로운 회사에 출근해 적응하는 것이다. 새로운 사람들과 어떻게 지내면서 성과를 만들지, 이직한 회사에서 얼마나 잘 지낼 수 있을지에 대한 계획을 세우는 것이다.

사람은 익숙한 환경에서 지내다가 새로운 환경을 맞이하게 되면 기본적으로 평소보다 더 많은 에너지가 필요하다. 예전에는 큰 어려움 없이 능숙하게 처리했던 업무라고 해도 새로 입사한 회사에서는 기존 시스템과 업무 방식이 다르기 때문에 하나하나 과정과 절차를 확인하면서 진행해야 하기 때문이다.

이직 초기에 해야 할 일들을 계획하고 업무를 진행하는 사람과 그렇지 않은 사람은 시간이 갈수록 업무 성과 부문에서 격차가 날 수밖에 없다. 일 잘하고 능력자가 들어왔다는 평가를 받으면서 성공적인 이직을 완성하기 위해서는 어떻게 행동해야 할 것인가?

정보를 수집해야 적응한다

디스커버리 채널에서 방영한 프로그램 〈인간과 자연의 대결(Man vs. Wild)〉은 주인공 베어 그릴스가 야생에서 어떻게 적응하는지 보여준다. 우선 주인공이 가장 먼저 하는 일은 주변을 조사해 현재 자신이 어디에 있는지, 주변 환경은 어떻게 구성되어 있는지 확인하는 것이다. 그래야 다음에 자신이 가진 아이템을 어떤 방식으로 활용하고 어느 방향으로 가야 할지 결정할 수 있기 때문이다.

회사가 야생과 같은 물리적인 환경은 아니라 해도 적응해야 할 대상임은 분명하다. 그래서 이직 후 처음 회사에 출근할 때 회사의 조직 구조와 조직원에 대한 정보를 가장 먼저 캐치해야 한다. 지원자로 알아보는 것과 조직원이 되어서 알아보는 것에는 큰 차이가 있기 때문이다.

가장 먼저 회사 전체 상황에 대한 파악이 필요하다. 회사의 사업 방향에 대한 정보와 함께 현재 중점적으로 추진하고 있는 사업은 어떤 것이 있는지 알아야 한다. 기사를 검색하거나 DART(기업공시시스템)를 보는 것도 좋지만 그보다 더 좋은 것은 회사 내부 문건을 활용하는 것이다. 기업 내에 지식인과 같은 시스템을 운영하는 곳이 있는데, 여기서 많은 직원들이 자신이 알고 있는 지식과 경험을 공유한다. 경력직으로 입사한 경우 거기에서 많은 정보를 얻을 수 있다. 그 외 회의나 행사를 통해 유관 부서 사람들과 만나서 이야기하면서 알아보는 것도 좋은 방법이다. 현실적이고 실질적인 내용을 얻을 수 있는 좋은 기회가 된다.

그다음으로는 업무 이해 관계자들에 대한 정보를 알아야 한다. 우리 부서의 키맨(Key Man: 조직의 핵심 인물)은 누구이며 상사로부터 신뢰를 받는 사람은 누군지, 어떤 사람과 친하게 지내야 하는지, 업무적으로 나와 관련이 있는 사람은 누구인지와 같은 사항에 대한 파악은 정말 중요하다. 업무에서도 많이 아는 자가 승리하지만, 인간관계에서도 정확한 정보를 소유한 자가 살아남는다. 특히 인간관계는 직장 생활, 조직 생활의 성패를 좌우할 만큼 중요한 요소가 되기도 하므로 이 부분을 쉽게 생각해서는 안 된다.

이미지 메이킹은 언제나 옳다

첫인상은 생각보다 중요하다. 오래 지내다 보면 좋지 않은 첫인상이 호감으로 바뀌는 경우도 종종 있지만 좋은 첫인상을 주지 못하면 이직 초기 단계에서 적응하는 데 상당히 애먹을 수도 있다.

긍정적인 첫인상은 자신이 직접 만들어야 한다. 그래서 나는 어떤 사람이라는 것을 직간접적으로 상대방에게 알리는 이미지 메이킹이 중요하다. 업무 이외에도 조직 생활을 잘하는 사람이라는 이미지를 주게 되면 입사 초기 작은 실수는 무난히 넘어갈 수 있지만 반대의 경우라면 작은 실수가 자신의 이미지에 악영향을 주고 그것을 깨기 위해서는 오랜 시간이 필요할지도 모른다.

좋은 첫인상을 줄 수 있는 방법은 여러 가지가 있다. 우선 가장 효과가 확실한 방법이 바로 상대방에게 먼저 인사하고 다가가는 것이다. 자신이 그런 성향이 아니라고 해도 처음에는 어쩔 수 없이 먼저 손을 내미는 행동이 필요하다. "이번에 새로 마케팅 부서에 경력직으로 입사한 ○○○입니다. 앞으로 잘 부탁드립니다." 이 정도 인사말이 적당하다고 생각한다. 신입 사원 때처럼 행동할 필요는 없지만 처음 만나는 사람들에게 먼저 인사를 하고 적응하려는 노력을 해야 하는 것은 신입과 경력이라 해도 차이가 없다.

누가 봐도 먼저 인사를! 인사성 밝은 Y씨

외국계 자동차 부품사에 SW 엔지니어로 입사한 Y씨는 경력 8년차다. 기존에 재직하던 회사는 국내 기업이고 외국계기업에서는 처음 일하는 것이라 걱정이 많았다. 입사 후 신입 사원일 때를 떠올리면서 팀원뿐만 아니라 마주치는 사람들에게 먼저 인사를 건넸다. 회의를 하면서 알게 된 사람들뿐만 아니라 출장 가서 만나는 사업장 근무자까지 우선 자신을 알리는 데 주력했다. 초기 3개월 정도는 궁금한 점이 있으면 자신보다 경력이 짧은 사람에게도 물어보았으며 자신의 경력을 내세우며 의견을 고집하지도 않았다.

주변으로부터 붙임성이 좋고 회사에 적응하려고 노력하는 사람이라는 이미지가 생기면서 Y씨는 이직 초기 어려움을 잘 극복했다. 지금도 여전히 사람들과 좋은 관계를 유지하고 지내며 프로젝트 PM으로 전환해 근무하고 있다.

입사 이후 기간에 따라 해야 할 일이 있다

입사 후 30일 정도는 성과에 대한 생각은 잠시 접어둘 필요가 있다. 아무리 능력자라고 해도 새로운 시스템과 업무 프로세스를 초단기간에 파악해서 성과를 내는 일은 어렵다. 그러므로 최소한 30일 정도는 자신이 속한 부서와 회사, 사람들에 대해 파악하는 시간으로 삼는 것이 필요하다. 회사의 조직은 어떻게 구성이 되어 있고 사람들의 성향은 어떤지 작은 정보라도 소중하게 다루면서 적응하는 데 사용해야 한다.

적응 시간이 지난 다음에는 앞으로의 업무 진행 방법에 대한 자신만의 계획을 수립해야 한다. 그리고 그 계획을 가지고 팀장과 면담하는 것이 필요하다. 그 면담을 통해서 팀장이 나에게 요구하는 역할이나 성과는 무엇인지 정확하게 아는 것이 필요하다. 그리고 지금까지 파악한 내용이 맞는지, 내가 생각하고 있는 계획이 팀의 목표와 방향성과 제대로 일치하는지에 대한 논의를 해야 한다.

이런 과정을 통해서 팀장에게 자신이 팀에 도움이 될 사람이며 함께 근무하고 싶은 사람이라는 이미지를 각인시킨다면 앞으로 회사 생활하는 데 큰 도움이 될 것이다.

이직한 후에 해서는 안 될 행동

비교하는 것을 좋아하는 사람들이 있다. 자신보다 나은 사람을 상정하고 자신도 그런 사람이 되기 위해서 노력하는 긍정적인 사람도 있지만 과거에는 이랬는데 현재는 그보다 못하다고 비교하면서 주변 사람들에게 불편함을 주는 사람이 있다.

이직한 사람은 당연히 전에 재직하던 회사와 지금 회사를 자연스럽게 비교하게 된다. 이런 점은 예전 회사가 더 좋았다든가, 그래도 이런 점은 지금 회사가 더 좋다든가 생각하는 것은 어찌 보면 당연하다. 문제는 이런 생각을 현재 회사 조직원들에게 이야기하면 좋지 않은 결과를 만들어낼 수 있다는 것이다.

예전 회사의 단점을 이야기하는 사람이라면 나중에 지금 다니는 회사의 험담도 당연히 할 것이라 생각하기 때문에 동료들에게 좋은 인상을 줄 리가 없다. 그보다 더 최악은 과거 회사와 비교하면서 현재 회사의 단점을 이야기하는 것이다. 이런 행동은 자신은 실패한 이직을 했다는 것을 주변 사람들에게 확인시키는 꼴이 될 뿐 아니라 이 회사에 잘 다니고 있는 사람들에게는 불만이 가득한 사람으로 인식될 수 있도록 만든다. '그럴 거면 뭣 하러 이 회사 온 거지?'라는 생각이 들 수밖에 없다.

'그럴 거면 왜 이 회사에?' 비협조적인 E씨

식품 대기업 인사팀 팀장 출신 E씨는 지인의 소개로 그래도 나름 이름 있는 중소기업 경영총괄로 이직하게 되었다. 처음에는 의욕적으로 업무를 시작했는데 아무래도 업무 시스템이나 프로세스가 다르다 보니 적응하는 것이 쉽지 않았다. 문제는 그럴 때마다 "전 회사에서는 이렇게 했는데 여기는 그런 게 없나 봐요?", "이건 아웃소싱 회사에서 하던 업무인데 여기서는 직접 하나요?" 이렇게 이야기하면서 불만을 토로한 것이다. 기존 인원들은 당연히 이런 모습을 좋게 볼 리가 없다. 어차피 대기업에서 밀려서 작은 회사로 왔으면서 여전히 대기업 출신처럼 일한다고 생각한 것이다.

E씨가 추진하던 모든 일에 조직원들은 알게 모르게 비협조적인 태도를 보였고 결국 6개월을 넘기지 못하고 이렇다 할 성과도 내지 못한 채 더 작은 기업으로 이직하게 되었다. 안타까운 것은 E씨의 경우 여기에서 잘 적응했다면 충분히 몇 년은 근무할 수 있었을 텐데 과거에 얽매여 현재를 제대로 인식하지 못해서 좋은 기회를 차버린 것이다.

로마에 왔으면서도 로마법을 무시한 L씨

예전 회사에서 하던 업무 프로세스를 지금 회사에 그대로 적용하는 것도 해서는 안 된다. 회사마다 비슷한 업무라고 해도 처리하는 프로세스와 조직이 다를 수 있다. 그러므로 당연히 먼저 새로운 회사의 스타일을 확인하고 업무를 처리하는 태도가 필요하다.

SI 업체의 기술영업 과장으로 근무하던 L씨는 최근 아이가 태어나서 출퇴근 거리가 가까운 회사로 이직했다. 기존 회사에서는 프로젝트 제안서를 작성할 때 과장은 초안만 잡고 팀 후임이 마무리하는 방식으로 진행했다. 당연히 L씨는 하던 대로 후임에게 프로젝트 제안서를 작성하라고 했는데 후임이 우리 회사에서는 프로젝트 담당자가 제안서 작성을 한다고 답변했다.

이에 L씨가 주로 하던 업무가 아니니 좀 도와달라고 부드럽게 이야기하면 좋은데, 원래 후임이 그렇게 하는 것이라고 하면서 언제까지 하라고 다소 강압적으로 지시했다. 후임은 팀장에게 이 사실을 알렸고, L씨는 팀장으로부터 새로운 곳에 왔으면 새로운 곳의 프로세스를 파악하고 적응할 생각을 해야 한다는 훈계를 듣게 되었고 팀 내에서도 직급으로 자신의 일을 후임에게 떠맡기려 한다는 소문이 돌아서 한동안 고생했다.

3개월 정도는 포기하자

이직의 주된 이유가 과도한 업무 때문이라고 해도 처음 일하는 회사에 적응하기 위해서는 개인 시간은 조금 포기할 필요가 있다. 왜냐하면 경력직을 채용하는 가장 큰 이유는 업무 공백을 최소화하는 것이고 그렇게 되어야 팀원의 업무 부담을 줄일 수 있기 때문이다. 특히 결원으로 생기는 포지션에 들어가는 사람은 더욱더 입사 초기에 열심히 일하는 모습을 보여줘야 한다.

새로운 사람이 채용되어서 팀에 온다고 했을 때 기존 팀원들은 당연히 앞으로 업무 부담이 조금은 덜어질 것으로 생각할 것이다. 그런데 입사한 사람이 업무 프로세스와 내용을 파악하는 데 시간과 노력을 쏟지 않고 퇴근 시간이 되면 바로 집에 간다고 생각해보라. '저 사람은 정말 자신의 워라밸을 잘 챙기는 멋진 사람이로군.' 이렇게 보는 사람이 과연 존재할까?

결원과 충원을 떠나서 이직해서 우리 회사에 오는 사람들에게 바라는 것은 빨리 적응해서 기존 인원들과 함께 좋은 성과를 내는 것이다. 그 과정에서 당연히 기존 팀원들과 불화 없이 잘 어울리는 것이 필요하지만 그보다 더 중요한 것이 있다. 그것은 바로 자신의 업무 처리 능력을 최대한 빠른 시간 안에 올리는 것이다.

중견 건설기업의 회계팀에서 근무하던 5년 차 S씨는 평소 원하던 IT 기업으로 이직에 성공했다. 회계 업무 자체의 차이는 없지만 인더스트리가 바뀌면서 새롭게 배워야 할 업무 스킬이 존재했다. 게다가 기존 회사와 사용하던 회계 프로그램이 달라지면서 일하는 데 어려움을 겪게 되었다.

S씨는 입사한 이후 새로운 회계 프로그램을 능숙하게 사용하기 위해 야근을 자주 했다. 그리고 기존 프로그램과 다른 점을 발견할 때마다 주변 사람들에게 질문하면서 몰랐던 것들을 하나하나 알아갔다. 퇴근 후 혼자 남아서 업무 프로세스 파악을 하는 S씨를 보면서 팀원들은 자신들의 노하우를 공유해주었으며 팀장은 적극적인

태도를 굉장히 좋게 평가했다. S씨는 그해 평가에서도 높은 등급을 받을 수 있었으며 선임은 물론 후임들과도 좋은 관계를 유지하면서 만족스러운 회사 생활을 유지하고 있다.

굴러온 돌이면 자리를 잘 잡자

회사마다 분위기가 다르다. 어떤 회사는 일단 신중하게 분위기 파악에 주력하면서 자신을 드러내지 않고 적응하는 것을 선호하기도 하고, 다른 회사는 자유로운 분위기이지만 자신의 일은 알아서 찾아서 해야 하는 자율성이 강조되는 회사도 있다. 회의에서 적극적으로 자신의 의견을 이야기하는 사람에 대해서도 평가가 엇갈리는 경우도 있다.

이직 직후의 시기는 안정적이고 잘 짜여진 구조가 아니라 여러 가지 변수가 혼재되어 있는 불안정한 상태다. 이직한 사람에 대한 역할이나 기대치가 명확하게 정해지 있지 않기 때문에 이럴 때일수록 스스로 중심을 잡고 작은 일부터 확실히 새로운 회사의 시스템에 맞게 처리하려는 자세가 필요하다.

나는 굴러온 돌이며 기존 인원들은 박혀 있던 돌이다. 굴러온 돌은 박힌 돌을 빼기 위함이 아니라 그 옆에 안정적으로 자리 잡는 것을 최우선 목적으로 삼아야 한다. 일단 자리부터 잡고 나서 그때부터는 자신의 색깔과 능력을 확실하게 보여줘도 늦지 않다.

4장

실전에서 바로 써먹는 이직의 기술 12가지

이력서 올리는 노하우

이직의 시작은 이력서 등록부터

이직을 위해 경력기술서와 자기소개서를 작성한 다음 해야 하는 단계가 바로 사람인, 잡코리아 같은 잡 포털에 이력서를 등록하는 것이다. 잡 포털은 기업들이 사람을 뽑기 위해 채용 공고를 가장 많이 게재하는 곳이기 때문에 내가 원하는 기업의 채용 공고를 검색하고 확인할 수 있어서 이직하려는 사람들에게 매우 유용하다. 또한 인재 채용 업무를 담당하는 기업의 채용팀과 헤드헌터들이 적합한 사람을 찾기 위해 주로 방문한다.

구직자나 이직자의 경우 직접 채용 공고를 보고 기업에 지원하는 경우도 있지만 잡 포털에 이력서를 올려놓으면 여러 경로를 통해 포지션을 제안받을 수 있다. 특히 대다수 헤드헌터가 이 사이트를 이용해서 후보자를 찾고 있으므로 때로는 자신이 직접 시간을 내서 공고를 검색하는 것보다 효율적이다.

하나를 보면 열을 짐작케 하는 이력서는 No

잡 포털에 이력서를 올릴 때는 무엇보다 자신의 강점을 드러내는 데 신경을 집중해야 한다. 그런데 의외로 많은 사람이 안이한 생각으로 이력서 제목을 작성한다.

"함께 달릴 수 있는 열정을 지닌 지원자, ○○○입니다."
"모든 것이 준비된 사람 바로 저 ○○○입니다."
"최선을 다해 최고의 결과를 보여드리겠습니다."
"최상의 결과를 약속하는 멀티플레이어"
"No.1이 아닌 Only One이 되겠습니다."

위와 같은 제목을 보면 어떤 느낌이 드는가? 전문적이고 자신의 직무에 확실한 철학과 지식을 가지고 있는 사람이라기보다는 특별하게 내세울 수 있는 장점이 없어서 일단 열심히 하겠다는 구체적이지 못한 내용으로 채운 느낌이 든다.

헤드헌터 회사나 채용팀에서 채용 사이트를 검색할 때 가장 많이 보이는 제목도 다 저 유형에 속한다. 내 경우 저런 제목의 이력서는 아예 클릭하지도 않는다. 이력서의 첫인상에서 좋은 점수를 받기 어려울뿐더러 더 솔직하게 말하면 '성의 없고 무미건조한' 제목이다.

이런 제목의 이력서가 가지는 가장 치명적인 단점이 또 존재한다. 이 사람이 어떤 업무를 했는지, 주요 직무가 무엇인지 전혀 알 수 없다는 것이다. 시간을 들여서 좋은 사람을 찾고 있는 입장에서 이런 이력서는 '하나를 보면 열을 알게 해주는(그것도 부정적인 의미에서)', 전혀 매력적으로 다가오지 않는 이력서라 할 수 있다.

잡 포털에서 이력서 제목을 기재하는데 어떻게 쓰는 것이 좋을지 감이 잡히지 않는다면 잡 포털에서 추천하는 제목을 사용하기보다는 자신의 업무를 요약해서 올리면 된다. 위에 언급한 제목보다 자신의 업무 중 가장 자신 있는 것을 쓰는 것이 제안을 많이 받는 데 훨씬 효과적이다. 예를 들어 'SAP SCM 시스템 개발', '금융권 컴플라이언스 및 AML 업무 담당', '재무회계 자금 IFRS' 등 이렇게 제목을 작성하면 자신의 직무와 관련 없는 제안을 받을 확률도 줄어들 뿐 아니라 적합한 제안을 받을 확률도 증가한다.

그리고 추가로, 제목을 작성할 때 가능하면 구체적으로 범위를 좁혀서 쓰는 것이 유리하다. 회계, 자금, 인사, 총무, 영업 이렇게 넓은 직무 카테고리를 쓰기보다는 그중에서 자신이 실제로 하는 업무로 한정해서 써야 한다. 좋은 예는 다음과 같다.

- 환경 플랜트 시설 현장관리 공무 전문가
- 연결회계에 강점이 있는 세무회계 전문가(IFRS)
- 다양한 방식의 자금 조달 업무 경험을 보유한 재무 담당

• 자동차 전장부품사 DC-DC CONVERTER 개발 엔지니어

• JAVA WEB 개발, AWS 시스템 활용 가능(금융권 재직)

핵심역량은 반드시 기재하라

경력직 이직에서 가장 중요한 것이 바로 경력기술서를 작성하는 것이다. 이력서와 경력기술서는 거의 비슷한 의미로 사용되고 있다. 굳이 나누자면 이력서가 지원자의 개인 신상 정보가 포함된 기본 서류라면 경력기술서는 업무 내용을 상세하게 기록해 자신의 이력을 업그레이드하는 서류라 할 수 있다.

경력기술서에서 가장 중점을 두어야 할 부분은 경력자가 지닌 핵심역량을 표현하는 기술이다. 경력기술서에서 핵심역량의 중요성은 아무리 강조해도 지나치지 않는다. 내가 헤드헌터 업무를 하면서 느낀 것이 바로 핵심역량을 정확하게 쓰는 사람일수록 경력 세부 사항도 잘 정리해서 작성한다는 사실이다. 그리고 실제 이들과 통화하다 보면 업무 역량이 뛰어나고 커뮤니케이션도 원활하게 잘되는 경우가 상대적으로 많았다.

그래서 잡 포털의 이력서를 검색할 때 내 눈에 가장 먼저 띄는 것도 이력서 제목과 핵심역량이다. 리크루터와 헤드헌터는 그 사람의 핵심역량을 먼저 확인하고 자신이 찾고 있는 사람과 적합하다고 판단하면 이력서를 열람한다.

손님을 유치하기 위해 많은 가게와 식당들이 인테리어와 외관

에 많은 비용을 투자한다. 그만큼 고객이 처음 눈으로 확인할 수 있는 부분이 중요하다는 의미다. 제품의 품질과 음식의 맛도 중요하지만 외관에서 고객에게 매력을 어필하지 못하면 사람을 모을 수 없다. 잡 포털의 이력서도 마찬가지다. 제목이 구체적이지 못하고 두루뭉술한 내용에 핵심역량도 기재하지 않았다면 실제 업무 경력이 좋다 해도 많은 사람이 그냥 지나칠 가능성이 있다.

핵심역량을 기재하지 않는 사람들이 생각보다 많다. 그 말은 확실하고 명확한 표현으로 핵심역량을 기재하면 다른 사람들보다 차별성을 가질 수 있다는 뜻이다. 기본적으로 이직 채용은 경쟁 구도다. 다른 경쟁자가 가지지 못한 자신의 강점을 얼마나 효율적으로 어필할 수 있느냐가 입사의 결정적인 요인으로 작용한다.

이력서 업로드 후 반드시 확인하라

잡 포털에서 이력서를 검색하다 보면 가끔 특이한 이력서를 볼 수 있다. 요즘은 이력서를 올린 사람의 승낙이 있어야만 그 사람의 이력서를 검색할 수 있기 때문에 이력서 열람 신청을 해야 한다. 문제는 신청해서 이력서를 보는데 핸드폰이나 이메일주소 둘 다 비공개로 되어 있는 경우가 있다. 이직을 하기 위해서 이력서를 올렸을 테니 일부러 그렇게 하진 않았을 테고 실수로 그랬을 거라 생각한다.

잡 포털에서 메시지를 보낼 수 있는 기능이 있지만 첫인상이 좋을 리 없다. 게다가 그 사람이 잡 포털에 자주 접속하지 않는다면 시간이 흘러 지원 시기를 놓칠 수도 있기 때문에 본인과 헤드헌터 모두에게 아쉬운 상황이 될 수 있다.

전화번호는 공개되어 있고 메일주소는 비공개로 되어 있는 경우는 더욱 많다. 게다가 자신의 이력서가 그렇게 되어 있다는 것을 인지하지 못하고 있는 경우도 있다. 성공적인 이직을 위해서는 가능한 한 많은 제안을 받는 것이 중요한데 이런 사소한 실수로 인해 기회를 놓친다면 이것만큼 안타까운 일도 드물 것이다.

연봉 정보를 기재하지 않는 사람들도 많은데 가능한 한 반드시 기재하는 것을 추천한다. 왜냐하면 업무 적합도가 높아도 채용하는 회사의 연봉 수준과 차이가 크다면 제안하는 것이 의미가 없기 때문이다. 연봉은 이직 조건 중에 가장 중요한 것이므로 처음부터 어느 정도는 서로의 카드를 맞춰볼 필요가 있다.

잡 포털에 올린 서류가 나의 첫인상이다

회사에 제출하는 이력서와 경력기술서가 아니라도 잡 포털에 업로드한 서류의 제목만 보고도 그 사람의 성향이나 업무 능력을 대략적으로 판단할 수 있다. 헤드헌터와 채용 담당자는 일차적으로 서류를 검토해 적합 여부를 판단하게 된다. 마치 지원자의 얼굴과도 같은 것이다.

그러므로 좋은 제안을 받고 성공적인 이직을 희망한다면 잡 포털에 올리는 이력서와 경력기술서부터 꼼꼼하게 작성해야 한다. 다른 사람처럼 대충 올린 이력서로는 차별성을 확보하기 힘들다. 성의 있게 올린 이력서만이 그만한 대접을 받을 수 있다.

공백기를 최소화하라

회사 다닐 때 이직하라

'이직은 반드시 회사 다닐 때 하라'라는 말은 직장인이라면 누구나 알고 있고 공감하는 이야기다. 당연하게도 이에 대해 반론을 제기하는 사람도 없다.

그런데 실제로는 퇴사를 먼저 한 다음 구직활동을 하는 사람들이 생각보다 많다. 왜 그들은 직장인이라면 당연히 알고 있는 사실인데도 그렇게 하지 못했을까? 그리고 반드시 재직 중에 이직하라고 말하는 이유는 무엇일까?

공백기는 어느 정도까지 괜찮을까?

직장 생활을 하면서 이직을 준비하고 회사를 옮기다 보면 자연스럽게 어느 정도의 기간은 재직 상태가 아닐 수 있다. 새롭게 입사할 회사가 결정된 상태라면 입사 전까지 평소 가지 못했던 여행을 가거나 새로운 환경에 적응하기 위해 리프레시 개념으로 시간을 보내는 것이 가장 이상적일 것이다.

하지만 회사의 경영 악화나 기타 여러 가지 다른 이유로 퇴사를 하고 구직활동을 하다 보면 어쩔 수 없이 공백기는 생길 수밖에 없다. 일반적으로 채용 기업의 입장에서 공백기라고 생각하지 않는 기간은 대략 6개월 이내이다.

헤드헌터로서 후보자를 추천할 때 6개월 미만의 공백기는 굳이 채용 기업의 담당자에게 이유를 이야기하지 않는다. 왜냐하면 회사에 지원하고 서류 심사 통과하고 면접은 두 번 정도 보게 되는데 (가끔 외국계의 경우 일곱 번까지 면접을 보는 경우도 있다) 입사하기까지 기본적으로 2개월 정도가 걸리기 때문이다.

기혼자의 경우 육아나 출산 때문이라면 6개월을 넘어 1년 정도도 크게 문제가 되지 않는다. 대신 그 기간에 대한 이유를 설명해야 한다. 이때 솔직하게 구직활동을 했는데 좋은 결과가 나지 않았다고 이야기하면 안 된다. 상대방도 그러려니 생각할지 모르지만 굳이 내가 언급해 확인시켜줄 필요는 없다. 갈 회사가 없어서가 아니라 내가 가고 싶은 회사를 찾지 못했다고 이야기하는 것이 차라리 낫다. 그런 후에 이 회사에 입사하고 싶어서 지원했다고 하면 이야기가 자연스럽게 이어질 수 있다.

공백기가 있어도 괜찮은 경우

공백기가 있다고 이직 시장에서 무조건적으로 불리한 것은 아니다. 공백기가 불리하게 작용하는 이유는 그 기간에 자신이 명확하게 어떤 활동을 했다고 이야기하지 못하기 때문이다. 만약 평소 배우고 싶었지만 회사 다니면서 배우기 힘들었던 새로운 스킬을 배웠다거나 업무 관련 자격증을 취득했다면 전혀 문제가 되지 않는다. 오히려 이 기간을 통해 나의 능력을 업그레이드해서 이 회사에 지원했다고 자신감 있게 이야기할 수 있다.

또는 학위 취득을 위한 공백기도 나쁘지 않다. 대학원이나 대학 진학을 통해 업무와 관련된 전문 지식을 습득하는 것도 자기 계발의 방법이기 때문이다. 다만 경력으로 인정해주는 회사가 있고 그렇지 않은 회사가 있기 때문에 회사를 떠날 만큼의 가치가 있는지는 본인이 판단해야 한다. 그렇기에 직장인 특별전형을 이용해서 야간이나 주말에 다니거나 온라인으로 수업을 듣는 것을 추천한다. 변화의 속도가 정말 빠른 시대에 살고 있기 때문에 기업 입장에서는 회사를 떠나 있던 사람은 실무 감각이 떨어질 거라는 생각을 할 수밖에 없으므로 경쟁에서 핸디캡으로 작용할 수도 있다.

공백기가 길어지면 다운그레이드가 될 수 있다

만약 당신이 자의로 회사를 퇴사하고 쉬면서 구직활동을 하게 된다면 초반에는 문제가 없다. 자신감도 있고 퇴사하면서 어느 정도 수입이 있기 때문에 이직을 준비할 수 있다. 문제는 앞에서 언급한 대로 어떤 회사에 지원해서 입사까지 결정되는 데 두세 달 정도 걸리기 때문에 최종 면접에서 탈락하는 일이 두 번 정도만 있어도 공백기는 6개월이 되어버린다는 사실이다. 그리고 이때부터 굉장히 초조해진다.

사람이 초조해지면 가장 먼저 자신감이 떨어진다. 퇴사했을 당시에는 '내가 갈 데가 없겠냐'라는 생각을 했을 것이다. 물론 갈 회사가 없는 것은 아니다. 문제는 내가 가고 싶은 회사는 다른 사람도 가고 싶을 것이고 당연히 경쟁은 치열해진다는 것이다.

이직은 점수로 결정되는 것이 아니라 그 회사의 상황, 면접관의 성향, 타이밍이 맞아야 성공 여부가 결정된다. 내가 못나서 떨어지는 것도 아니고 다만 그 회사와 맞지 않을 뿐인데, 한두 번 실패를 경험하다 보면 자신에게 문제가 있는 것은 아닌지, 앞으로 구직할 수 있을지를 고민하게 된다.

어차피 한 번에 이직에 성공하는 사람은 많지 않다. 꾸준히 관심을 갖고 준비해서 진행해도 쉽지 않은 것이 이직이다. 탈락은 당연히 경험할 수밖에 없다. 만약 회사를 다니고 있다면 대수롭지 않게 넘길 수 있지만 회사에 반드시 들어가야 하는 입장이라면 괜찮다는 마인드컨트롤만 가지고는 이겨내는 것이 쉽지 않다.

가끔 이력서를 검토하다 보면 좋은 학교 나와서 대기업에 다니다가 현재는 훨씬 규모가 작은 회사에 다니는 사람을 보게 된다. 그 경우 가운데는 재직 중에 이직하지 않고 퇴사한 다음 이직해서 공백기가 있는 사람이 많다.

화장품 제조 대기업 영업기획팀에서 10년 동안 근무하고 있는 D씨와 커리어 컨설팅을 진행했다. 본인은 화장품과 뷰티 인더스트리를 벗어나서 IT나 이커머스 기업으로 이직을 원하고 있었다. 비록 대기업 재직 중이며 이직이 없다는 장점이 있지만 동종 업계를 선호하는 채용 시장의 특성상 10년이라는 시간은 무시할 수 없는 핸디캡이었다.

나는 스타트업이나 중견기업으로는 이직이 가능할 수도 있지만 D씨가 원하는 인지도 있는 IT 이커머스 기업으로의 이직은 쉽지 않을 것이라고 조언하며 회사를 계속 다니면서 이직을 준비해야 한다고 이야기했다. 그런데 컨설팅 후 얼마 지나지 않아서 퇴사 통보를 했다는 연락을 받았다. 동종 업계로는 절대 가지 않겠다고 이야기했던 사람인데 최종 면접에서 몇 번 떨어지고 공백기가 길어지자 결국 같은 분야의 비슷한 규모의 회사로 이직했다. 그래도 경력이 망가지지 않았으니 천만다행인 경우라 할 수 있다.

이렇게 다행스러운 경우도 있지만 안타까운 경우도 있다. 중견기업의 재무팀에 근무하던 P 대리는 항상 업무가 많아서 야근을 자주 하다 보니 자연스럽게 이직을 생각하게 되었다. 보수적인 회사 분위기상 연차나 반차 사용이 자유롭지 못하다 보니 면접 기회를 놓친 적도 있었다. 이렇다 보니 차라리 퇴사하고 제대로 이직 준비를 해서 좋은 곳으로 가야겠다 생각해서 퇴사했다.

퇴사하고 한동안 면접을 여러 곳 진행했지만 원하는 결과를 얻지 못했다. 공백기가 길어져서 1년이 넘어가자 경제적 문제도 발생해 어쩔 수 없이 중소기업 재무팀에 입사하게 되었다. 그러나 연봉도 낮아지고 회사 인지도도 낮다 보니 P 대리는 소위 말해 회사 다니는 맛을 느끼지 못하게 되었고, 결국 1년 만에 다른 곳으로 이직해서 지금도 작은 기업에서 일하고 있다.

만약 P 대리가 재직 중에 이직을 했다면 최소한 처음 옮겼던 회사보다는 연봉 조건도 좋고 비슷한 규모의 회사로 이직이 가능했을 것이다. 결국 판단 실수가 커리어를 망가뜨리는 결과를 만들어 낸 것이다.

번아웃으로 인한 퇴사가 공백기를 만든다

아무리 공백기가 이직할 때 부정적으로 작용한다 하더라도 지금 다니는 회사가 정말 죽을 것만큼 힘들고 괴롭다면 퇴사하는 것이 맞다. 일단 사람이 살고 봐야 다른 것을 도모할 수 있지 않겠는가? 왜냐하면 이렇게 회사 생활이 힘들다면 번아웃에 빠질 수 있기 때문이다. 번아웃 상태로 퇴사를 하게 되면 자연스럽게 공백기는 길어질 수밖에 없다. 모든 에너지를 다 태운 상태이기 때문에 어떤 활동이나 일을 할 수 없으므로 당연히 구직활동도 할 수 없다.

가장 큰 문제는 번아웃은 극복하기가 정말 쉽지 않다는 것이다. 번아웃과 함께 자주 거론되는 것이 무기력증이다. 둘 다 아무것도 하지 않는 상태인데, 차이가 있다면 번아웃은 어떤 일도 할 수 없는 상태이고 무기력은 뭔가 할 수 있는 에너지는 있지만 아무것도 하고 싶지 않은 상태다. 무기력증은 그나마 운동이나 취미 활동 등 자신이 좋아하는 무엇인가를 하면서 극복이 가능할지 모르지만 번아웃은 답이 없다. 무조건 쉬면서 소진된 에너지를 채워야 한다.

그 기간이 공백기로 이어질 수 있는 부분이다. 쉬어야 하는 시기이므로 공백기를 설명할 수 있는 어떤 스토리도 만들기 어렵다. 그러므로 번아웃을 항상 조심해야 한다. 예방하지 못하면 커리어에 상당한 악영향을 줄 수 있다.

자격지심과 자책은 버려라

사람의 마음까지 병들게 만드는 것이 바로 자격지심과 자책이다. 안 좋은 일이 생겼을 때 그 원인을 우선적으로 자신에게서 찾는 것이다. 공백기가 길어지고 취업에 여러 차례 실패하게 되면 이런 문제가 발생할 가능성이 매우 크다. 이직에 실패하는 것은 단지 회사와 내가 생각하는 바가 다르기 때문이고 내 능력이 모자라거나 문제여서 탈락하는 것이 아니다. 오히려 회사 입장에서 나를 부담스러워해서 채용하지 않는 경우도 많다.

탈락 통보를 받고 나니 갈 데가 없다. '내가 다른 사람보다 능력이 떨어지나?', '지금까지 내가 회사 생활을 한 것은 내 능력이 아니라 다른 사람이 도와줘서 그렇게 된 건가?'와 같이 이렇게 말도 안 되는 생각을 하게 된다. 공백기가 길어지는 것은 그만큼 경력의 문제뿐만 아니라 그 사람의 생각에 부정적인 인식을 심어주게 된다.

제발 당부하는데, 정말 심각한 문제가 아니라면 지금 있는 회사에 다니면서 이직을 준비하고 실행하길 바란다. 퇴사하고 이직이 잘 되지 않을 때의 스트레스는 지금 회사를 다니면서 받는 스트레스보다 훨씬 강도가 셀 것이다. 명심하자. 나가면 정글이 기다리고 있다.

징검다리 이직을 활용하라

'점프 업'은 어렵다

직장인들은 안정성 또는 다양한 복리후생 그리고 높은 연봉을 위해 지금보다 더 큰 회사로 옮기고 싶어 한다. 또는 직무 관련 측면에서 동일한 업무를 하더라도 소위 말해 담당하는 업무의 스케일을 크게 가져가고 싶어 하거나(예를 들어 재무나 회계 직무는 회사의 매출액을 이직의 중요한 기준으로 삼기도 한다) 지금 재직하는 회사의 산업군과 다른 회사로 이직하고자 하는 욕망이 있다.

하지만 현실적으로 모든 사람이 원하는 것을 얻을 수는 없다. 경력직 채용 시장의 현실을 볼 때 중소기업에서 중견 또는 대기업으로 이직해서 재직 회사의 규모를 바꾸거나 재직 회사의 인더스트리를 변경하는 일은 매우 어렵다.

중소, 중견, 대기업 간 이직은 생각보다 매우 어렵다

특히 중소기업에서 대기업으로 이직하는 것은 매우 어렵다. 이는 대기업과 중소기업의 업무 환경부터 업무 스타일이 완전히 다르기 때문이다. 대기업은 조직의 R&R(Role and Responsibilities: 역할과 책임)이 확실하게 구분되어 있고 시스템이 갖춰져 있기 때문에 업무 범위가 명확하게 정해져 있다.

대기업 구매팀에 재직했을 때 구매와 정말로 직접적인 관련이 있는 업무를 담당했다. 구매지원팀이 따로 있어서 원료를 수입할 때 결제와 보험가입, 수입통관 절차는 지원팀이 담당했고, 국내 생산 원료의 경우 각 사업장에서 발주와 검수를 담당했기 때문에 구매팀에서는 제품의 가격을 정하고, 공급업체를 선정, 글로벌소싱과 같은 구매의 핵심만을 담당했다.

하지만 중소기업의 구매팀은 구매지원팀과 사업장에서 하는 일까지 해야 하는 경우가 대부분이다. 구매 금액도 작지만 인원도 많지 않아서 업무 범위가 넓을 수밖에 없다. 그러므로 대기업에 근무하던 사람이 중소기업에 가면 처리해야 하는 업무 범위가 상당히 넓어지기 때문에 힘들 수밖에 없다. 이것은 담당자의 능력 문제가 아니라 시스템과 프로세스의 문제다.

그러므로 대기업에서 경력직을 채용할 때에는 자신들의 시스템을 사용해본 경험을 가지고 있어서 잘 적응할 수 있는 사람을 선호하게 된다. 일정 규모 이상의 기업이라면 조직문화는 차이가 있으나 비슷한 업무를 하는 프로세스와 역할 분담은 큰 차이가 없다.

예전 기업에서 하던 일을 여기서는 다른 팀에서 하고, 하지 않았던 일을 여기 와서 하는 정도의 차이다. 새로운 시스템에 적응하는 데 오랜 시간이 걸리지 않는다. 그리고 아무래도 많은 인원이 근무하는 대기업은 중소기업에 비해 감정 교류가 적고 업무에 따른 관계가 주를 이룰 수밖에 없다. 다시 말하지만, 대기업과 중소기업의 업무 방식 차이를 이야기하는 것이지 옳고 그름을 논하는 것은 아니다.

이 부분이 중소기업에서 대기업으로 이직이 어려운 이유다. 그래서 대다수의 사람들이 첫 직장으로 대기업에 입사하려고 노력하는 것이다. 경력직 채용은 지원자의 출신 학교보다 재직 회사가 더 중요하게 작용한다. 서울 상위권 대학 졸업자인데 중소기업에 근무하는 사람과 그보다 낮은 대학을 나왔지만 대기업에 재직 중인 사람이 대기업 경력직 채용에 응시하게 되면 대기업 재직자가 뽑힐 확률이 확실하게 높다.

그렇다면 대기업에서 중소기업으로 이직은 쉬운가? 솔직하게 이야기해서 반대의 경우보다는 조금 나은 편이다. 다만 그렇게 가려고 하는 사람이 많지 않기 때문에 보이지 않을 뿐이다. 하지만 지금은 대기업 출신이라고 무조건 좋아하는 시대는 아니다. 특히 대기업 출신이 와서 적응하지 못하고 나간 사람이 있었다면 더욱 그럴 것이다. 이름값으로 데려왔다가 조기에 퇴사하면 서로 손해기 때문이다.

인더스트리 변경이 어려운 이유

헤드헌팅 업무를 하면서 받게 되는 채용 의뢰 내용에 자주 등장하는 문구가 있다. '동종 업계 종사자 우대', '동종 업계 경험자 우대'가 그것이다. 각 인더스트리마다 사용하는 용어가 다르고 중요하게 생각하는 포인트가 다르다. 같은 제조업이라고 해도 식품과 반도체, 자동차 부품 업계는 완전히 다르다. 고객도 다르고 판매 루트도 차이가 난다. 그렇기 때문에 지원관리 부서가 아닌 경우 다른 업종에 있던 사람이 오면 제대로 성과를 기대하기도 어렵다. 가끔 기사에서 전혀 다른 산업에 있던 사람을 임원으로 채용했다는 것을 보는데 말 그대로 전체를 총괄해야 하는 임원은 조금 다르게 보는 것이 맞다.

그나마 지원 부서는 업무의 본질에는 큰 차이가 없어서 세부적인 차이를 극복하기에 큰 어려움이 없기 때문에 인더스트리를 바꿀 수 있다. 그러나 그 외 영업이나 마케팅, 기술, 전략, 기획 분야는 동종 업계에서 다른 산업의 회사로 이직이 절대로 쉽지 않다. 그래서 나는 헤드헌터로 일하면서 지원자의 서류 통과 확률을 높이기 위해 업무 적합도가 높은 쪽으로 추천한다. 만약 동종 업계가 아니라면 최소한 유사한 업계에 있는 사람을 추천한다.

단계를 밟아서 이직하는 것이 정답이다

그렇다면 중소기업에서 대기업 이직, 인더스트리 변경을 하고 싶다면 어떻게 해야 할까? 우선 단기간에 해결하려고 조급해하면 안 된다. 커리어는 시간을 통해 완성되는 측면이 분명히 존재하기 때문에 짧은 시간 안에 변경하기는 거의 불가능하다. 몇 달 동안 어떤 업무를 했다고 해서 그 업무로 경력직 채용에 도전하는 경우 성공 확률은 매우 희박하다. 실제 채용 공고에서 그 업무를 일정 기간 이상 해야 한다는 내용이 없다고 해도 실제로는 최소한의 전문성을 요구하기 때문에 드러나지 않은 조건이 있다고 생각해야 한다.

한 번에 점프하는 것을 포기해야 한다. 현재 내가 중소기업에 다니고 있는데 바로 대기업 경력직에 지원해서 합격해야겠다고 생각하는 것은 스스로를 지치게 만들 수 있다. 장기 계획을 세워야 한다. 현재 재직 회사보다 조금 더 큰 중견기업을 목표로 도전해야 하고 그다음에 대기업을 목표로 삼아야 한다. 대신 상당히 오래 걸리기 때문에 강력하게 추천하지는 않는다. 대기업을 나와야만 잘 살 수 있는 것도 아니고 중소 중견기업, 외국계기업도 연봉 높고 복리후생이 잘 갖춰진 기업이 많다. 본인의 목표가 대기업에 다니는 것이라면 그렇게 해야 한다는 것이다. 만약 재직연수가 3년이 넘지 않았다면 신입 사원으로 도전하는 것도 좋은 방법이다.

인더스트리 변경은 어렵지만 그래도 대기업으로 이직하는 것보다는 가능성이 높다. 관리 직무를 담당하고 있는 사람이라면 가능성은 더욱 높다고 볼 수 있다. 다만 관리 직무가 아니라 그 업계에 대한 지식과 인사이트가 반드시 필요한 직무인 경우에는 예외라고 볼 수 있다.

업종 전환, 어렵지 않다

대기업 해외 영업팀에서 6년째 근무하고 있는 F씨의 목표는 요즘 가장 핫한 온라인 금융회사의 영업팀으로 이직하는 것이었다. 실제로 여러 번 시도했으나 원하는 결과를 얻지 못하고 서류에서 많이 탈락했다. F씨는 명문 Y대 상경계열을 졸업했고 영어 구사 능력도 뛰어났다. 스펙으로만 보면 훌륭하지만 재직 회사의 산업군이 건축 설비 제조이기 때문에 원하는 회사의 분야와는 완전히 달라 쉽지 않은 도전이었다.

F씨는 우선 1차 목표로 이커머스 기업이나 온라인 기반 회사의 제휴나 영업 관련 직무로 이직해서 어느 정도 경력을 쌓은 다음, 그 뒤에 온라인 금융회사로의 이직을 추진하기로 계획했다. 이후 그는 온라인 인테리어 기반의 회사로 이직했고, 업종 전환을 성공적으로 해냈다. F씨는 업무 후에 파이썬(Python)과 같은 프로그램을 배우고 구글 애널리틱스 자격증(GAIQ)을 취득하는 등 IT 산업에 대한 지식을 습득하는 데 상당한 노력을 기울여 바람직한 업종 전환을 이루어냈다. 무엇보다 능숙한 영어 실력이 있었기 때문에 가능했다고 생각한다.

경우에 따라서는 계약직도 도전할 만하다

계약직이라고 하면 정규직에 비해 차별을 받는 불안정한 이미지를 가지고 있다. 실제로 완전히 틀린 말은 아니지만 자신의 상황에 따라서 도전해볼 만한 가치는 충분히 있다고 생각한다. 왜냐하면 위에서 언급한 대로 대기업이나 인기 회사로의 이직은 오랜 시간이 필요하고 또 실제로 된다는 보장도 없기 때문이다. 소위 말하는 가시밭길을 가야 할 수도 있다. 하지만 만약 30대 초중반이고 성장 가능성이 높은 직무에 도전하고 싶다면 계약직에 도전하는 것도 가능하다고 생각한다.

징검다리 이직을 위해 계약직 회사로 이직하려면 전제 조건이 있다. 외국계 글로벌기업이나 그 분야에서 상당한 인지도를 가지고 있는 기업이어야 한다. 규모가 크지 않고 시스템이 잘 갖춰진 곳이 아니라면 제대로 직무 지식을 습득하지 못하고 시간과 에너지를 낭비할 가능성이 높기 때문이다. 그리고 계약 기간은 최소한 1년 이상, 가능한 2년 정도까지는 되어야 한다. 그래야 이직할 때 그 업무에 대한 경력을 인정받을 수 있다. 다니던 회사에서 정규직으로 전환될 수도 있고 아니더라도 너무 실망할 필요는 없다.

하이 리스크 하이 리턴, 준비됐다면 과감히 도전하라

국내 중견 핀테크 기업에서 정보보안 담당자로 4년째 근무하던 K씨는 외국에서 대학을 나왔는데, 한국 기업에 근무하면서 영어를 사용할 일이 없어서 자신의 영어 실력이 낮아지는 것에 대해 아쉬워하고 있었다. 그러던 중 외국계 제약회사의 계약직 정보보안 담당 포지션 채용 공고를 보고 지원했다.

사람들은 정규직을 버리고 왜 불안하게 계약직으로 가냐고 만류했지만 나중에 외국계기업으로 이직을 생각했기 때문에 자신의 커리어에 외국계 회사의 재직 경험도 추가하고 영어 구사 능력도 향상시키기 위해 과감하게 지원했고, 합격해서 2년간 근무했다. K씨는 2년 뒤 회사에서 정규직 전환을 제시했으나 그보다 더 조건이 좋은 외국계 금융사로 이직하는 데 성공했다.

30대 초중반은 이직 시장에서 가장 선호도가 높은 나이와 경력대를 가지고 있다. 거기에 본인이 원하던 직무를 최소한 2년 정도 했다면 이직할 때 경력을 인정받을 수 있다. 그렇게 되면 다시 회사에 들어가는 것이 그렇게 어려운 상황은 아닐 것이다.

무엇을 얻기 위해서는 반드시 리스크를 감수해야 한다. 그 리스크가 크냐 적냐의 문제지 존재 여부의 문제는 아니다. 대기업으로의 이직, 다른 산업으로의 이직은 분명히 어려운 일이지만 자신의 커리어를 만들어나가는 데 굉장히 중요하고 가치 있는 일이 될 수 있다. 무모한 도전은 만용이지만 목표를 위해 충분히 가능성을 검토했다면 과감하게 도전하는 것도 충분히 가치가 있는 일이다.

경력기술서는 핵심역량 위주로 써라

강점에 올인하라

경력기술서는 이직 과정에서 핵심이 되는 서류다. 요즘에는 개인 신상에 관련된 내용이 포함된 이력서와 같은 의미로 쓰이고 있다(이력서를 뜻하는 말로 CV, 즉 Curriculum Vitae와 Resume가 있다. 외국에서는 다른 의미로 사용되지만 한국에서는 거의 같은 의미로 봐도 무방하다).

이직을 준비하는 많은 직장인이 경력기술서를 어떻게 써야 하는지에 대해 많은 고민을 가지고 있다. 정확한 방향을 설정하지 못하고 경력기술서를 쓰다 보면 자신의 업무만을 나열하게 되어 다른 사람의 경력기술서와 차별성을 갖지 못해서 서류에서 탈락할 수 있기 때문에 전략적인 접근이 필요하다.

가장 중요한 것은 자신의 단점을 보완하는 방향이 아니라 장점을 극대화하는 방향으로 작성하는 일이다. 예전에 한 탁구선수가 강력한 포핸드를 가지고 있었는데 상대적으로 백핸드에 약점을 가지고 있었다. 이 선수는 백핸드를 연습하기보다는 장점인 포핸드를 더욱 갈고 닦아서 상대방이 백핸드로 보내지 못할 정도로 실력을 키웠다. 이처럼 경력기술서는 자신의 강점을 잘 드러내 상대방이 내 강점을 인정하게 만드는 것이 핵심이다.

핵심역량은 첫 페이지에 반드시 넣어야 한다

경력기술서의 가장 중요한 부분은 바로 핵심역량이다. 지원자가 어떤 핵심역량을 가지고 있느냐에 따라 서류 심사 결과가 달라지게 된다. 자신의 업무 능력 중에서 가장 자신 있는 부분을 핵심역량이라고 생각하면 되는데, 일반적으로 좋은 성과를 앞에 내세우기도 하고 여러 업무 중에서 몇 가지를 선정하기도 한다.

경력기술서의 첫 페이지에서 채용 담당자의 관심을 끌어야 한다. 핵심역량을 처음에 넣어야 하는 이유가 바로 여기에 있다. 채용 담당자가 경력기술서를 검토하는 목적은 현재 업무를 해야 할 적합한 사람을 찾기 위함이다. 핵심역량이 채용하고자 하는 포지션과 적합해야 그다음에 경력 세부 내역에 관심을 갖고 보게 된다.

핵심역량은 말 그대로 핵심이기 때문에 너무 많은 내용을 기재하는 것은 피해야 한다. 지원자 입장에서야 자신의 모든 능력을 어필하고 싶겠지만 다 잘한다고 이야기하는 것은 특별히 잘하는 것이 없다고 생각될 수도 있기 때문이다. 핵심역량 항목 수는 5~6가지가 적합하다. 만약 쓰고 싶은 내용이 많다면 지원하는 회사의 채용 공고와 우대사항을 살핀 후 우선순위를 고려해 선별해서 작성해야 한다.

자신의 업무 역량과 성과를 바탕으로 핵심역량을 쓸 때에는 그것을 뒷받침할 수 있는 구체적인 근거를 제시해야 한다. 근거는 숫자로 제시하는 것이 가장 좋지만 조직문화 정착, 프로젝트 진행 과정과 같이 명시적인 숫자로 성과를 나타내기 어려운 경우에는 숫자에 집착할 필요는 없다.

"이 사람은 대체 무슨 업무를 했던 사람이야?"

다음은 경력기술서의 핵심역량을 표현한 A와 B 2가지 유형의 사례다.

A 유형의 경력기술서

- CAD/CAE 활용한 구조해석 능력
- 이커머스 담당 브랜드 매출 전년 대비 80% 성장 달성
- Automotive ECU Circuit & Camera Circuit 설계 가능
- JAVA 기반 카드 승인 업무 관련 프로그램 개발 및 운영
- 간편결제 기획 및 영업 경험(100여 개 가맹점 독점 계약 체결)
- USCPA & Fluent English
- RADAR 시스템 프로젝트 리딩

- 자동차 전장품 CATIA, CAD 설계툴 사용 가능
- 모바일(AppToApp, AppToPos) 결제 관련 개발 업무

B 유형의 경력기술서

- 의사소통 능력, 문제해결 능력 보유
- 팀원과 팀의 목표에 따른 원활한 업무 진행 능력
- 풍부한 경험과 노하우를 보유한 엔지니어
- 성실한 업무 태도와 원만한 인간관계 유지
- 새로운 업무 환경에 대한 뛰어난 적응력 보유

A, B 모두 자신의 '경력'에 대한 핵심역량을 작성했고 또 그간 일해왔던 방식을 기술하고 있지만, 핵심역량을 표현하고 나타낸 방법에 대해서는 큰 차이점이 있다. A 유형의 경력기술서를 보면 어떤 일에 강점이 있는지, 어떤 일을 했는지 한눈에 보이는 반면 B 유형의 경력기술서에는 그것이 보이지 않기 때문이다. B 유형의 경력기술서를 본 인사 담당자는 이렇게 말할지도 모른다. "그러니까 이 사람은 어떤 업무를 했고 그중에서 뭘 잘한다는 말이야?"

채용 인사 담당자는 자기 회사에 지원한 인력이 해당 부서에서 필요한 일을 할 수 있는 능력과 경력을 갖추었는지를 가장 중요하게 생각하기 때문에 첫 번째로 핵심역량을 살펴볼 것이다. 예를 들어 A 유형의 핵심역량 중에 'USCPA & Fluent English' 항목을 보면 외국계 회계·재무 분야에서 일했던 사람이라는 것을 알 수 있

다. 관련 자격증과 더불어 외국계기업에서 근무하는 데 필수적인 외국어 능력을 간결하게 핵심역량으로 작성함으로써 업무 능력을 한눈에 알 수 있다.

반면에 B 유형의 핵심역량에는 업무는 무엇이고 그간 해왔던 업무 성과가 무엇인지를 알아볼 만한 단서가 전혀 없다. 이것은 핵심역량이라고 표현하기 어려운, 매우 잘못 작성된 핵심역량이다. 이렇게 모든 사람에게 적용될 수 있는 문구보다는 차라리 자신의 직무 중에 가장 비중이 높은 것을 쓰는 것이 더 효과적이다.

통일성을 갖춰야 한다

경력기술서는 대부분 텍스트로 작성해야 하기 때문에 가독성이 정말 중요하다. 읽었을 때 그 내용을 얼마나 빠른 시간 안에 상대방에게 전달하느냐가 경력기술서의 수준을 결정한다고 봐도 과언이 아니다. 아무리 내용이 좋다고 해도 그 내용을 상대방이 파악하기 어렵다면 좋은 문서가 아니다. 경력기술서를 검토하는 사람은 직장인이다. 업무에 바쁜 사람이기 때문에 한눈에 내용이 잘 들어오지 않으면 그만큼 마이너스라고 봐야 한다.

기본적으로 경력기술서는 통일성을 가져야 한다. 예를 들어 기간을 쓸 때 '20××.01.' 또는 '20××년 01월' 등 어떻게 쓰더라도 큰 문제는 없지만, 학력 사항과 경력 사항 등 날짜가 들어가는 곳에는 동일한 형식으로 표기해야 문서가 깔끔해 보인다. 그리고 어떤 항목을 마무리할 때 마침표를 찍었다면 유사한 항목은 똑같이 마침표를 사용하는 것이 좋다. 개인적으로 경력기술서는 굳이 마침표를 사용하지 않는 것이 더 보기 좋다고 생각한다.

요즘 많이 사용하는 말머리 기호를 쓸 때도 조금만 신경 쓰면 훨씬 가독성이 좋아진다. 경력 세부 사항을 작성할 때 A사 재직 내용에는 ◆→●→– 순으로 작성했는데, B사는 다른 순서로 쓴다면 문서가 산만해 보일 수 있다.

'내용이 중요하지 그런 사소한 부분에도 신경 써야 하나?'라고 생각할 수도 있겠다. 그런데 때로는 사소한 부분에서 상대방에게 부정적인 이미지를 줄 수도 있음을 잊지 말아야 한다. 그리고 중요한 이력서를 작성하면서 이런 부분에도 주의를 기울이는 것이 그렇게 힘든 일은 아니지 않은가?

가독성을 높이는 꿀팁 3가지

학력이나 직장 경력을 기재할 때에는 반드시 최근 순서로 작성해야 한다. 학력은 일반적으로 항목이 많지 않지만 직장 경력은 사람에 따라 항목이 많을 수도 있다. 직장 경력을 최근 순서로 작성해야 하는 이유는 특히 채용 기업에서 가장 최근에 근무한 회사를 중요하게 생각하기 때문이다. 10년 차 직장인의 경력기술서를 볼 때 신입 사원 때 재직했던 회사보다 현재 포지션에 적합한 업무 경험을 가지고 근무하는 회사의 중요성이 더 크다.

세부 경력 사항을 작성할 때에는 재직 기간과 회사, 소속팀, 직급을 쓰는데, 대부분 기간을 먼저 쓰는 데 익숙하다. 하지만 채용 담당자가 중요하다고 생각하는 항목인 재직 회사를 먼저 쓰는 것이 읽는 상대방을 배려하는 것이다. 채용 기업 입장에서는 지원자의 재직 기간도 중요하지만, 기간보다는 어느 회사에서 일했던 경험이 있는지가 더욱 중요하기 때문이다. 실제 헤드헌팅 업무를 할 때 채용 의뢰 기업에서 원하는 출신 회사를 지정해주는 경우도 많이 봤다.

다음과 같이 작성한다면 채용 기업에서 지원자에 대해 좀 더 명확하게 파악하기 쉽다. 영업이익을 모른다면 굳이 쓸 필요는 없지만, 직원 수와 매출액은 가능하면 쓰는 것이 좋다.

㈜×××코리아 / 마케팅팀 / 대리 2016.08. ~ 현재
: 소개 – 휴대폰 제조 및 유통회사 / 직원 수 – 0,000명
매출액 – 0,000억 / 영업이익 – 0,000억

총 경력을 경력 사항에 기재하는 것도 중요하다. 지원자의 경력 사항 역시 회사 입장에서 중요한 항목이기 때문이다. 만약 총 경력 기간을 쓰지 않아서 읽는 사람이 그걸 확인해야 한다면 번거롭다고 생각하지 않을까? 읽는 사람 위주로 작성하는 태도가 필요하다.

프로젝트 성과 작성하는 법

직장인이라면 대부분 프로젝트에 참여하고 진행해본 경험이 있을 것이다. 어떤 사람은 직장 생활 내내 프로젝트만 했다고 하는 사람이 있을 정도다. 프로젝트는 본인의 업무 전문성을 드러내는 데 최적화된 소재며 어떻게 설명하느냐에 따라, 소위 말해 있어 보이게 포장하는 것도 가능하다. 물론 실무 경험이 반드시 수반되어야 한다.

프로젝트를 쓸 때 가장 중요한 것은 바로 본인이 담당했던 역할에 대해 정확하게 써야 한다는 것이다. 예를 들어 팀장으로서 프로젝트를 기획하고 주도했는지, 유관 부서로서 일정 부분을 담당하는 협업으로 참여했는지, 프로젝트 지원 업무로 참여했는지, 내용을 공유하는 회의에 참석하는 수준의 프로젝트였는지 등 구분해서 설명해야 한다. 다시 말해서 전체 프로젝트의 업무를 세분화한 다음, 그중에 본인이 담당했던 업무와 역할을 명확하게 써야 한다.

과장된 경력은 반드시 들킨다

프로젝트 성과를 작성할 때 약간의 과장이나 포장은 필요하지만 성과나 역할을 지나치게 부풀려서는 안 된다. 왜냐하면 경력기술서를 작성하는 최종 목적이 서류 합격이 아니라 입사하는 것이기 때문이다. 프로젝트는 면접에서 조금 더 깊이 있게 다뤄질 가능성이 크다. 면접관이 이 프로젝트에 관심이 있다면 실무적인 질문

몇 가지로 실제와 서류가 다르다는 사실을 알게 될 것이다.

유통 관련 대기업의 5년 차 마케터 D씨는 경력기술서를 작성하면서 다수의 프로젝트에 참여했고 그중에 두 개 프로젝트에 대해서는 기획부터 데이터 조사, 인사이트 도출, 운영을 주도적으로 담당했다고 기재했다. 이직을 위해서 여러 기업에 지원했으나 생각보다 서류 합격률이 높지 않았다. 그리고 몇 번 면접을 보게 되더라도 합격하지 못했다.

답답한 마음에 나와 커리어 컨설팅을 진행하게 되었다. 경력기술서를 검토한 다음 실제 그 프로젝트를 정말 기획부터 담당했는지 물어봤더니 실제로는 자료 조사와 데이터분석 업무를 담당했고, 자신의 능력을 어필하고 주도적인 이미지를 주기 위해서 그렇게 썼다고 했다. 문제는 그로 인해 D씨의 경력기술서의 신뢰도가 낮아졌다는 것이다.

대기업의 마케팅팀에서 프로젝트를 기획하고 운영까지 전부 한 명이 담당하는 경우는 거의 없다. 그리고 오너십을 가지고 프로젝트를 주도적으로 진행하려면 최소한 팀장급은 되어야 하며 작은 프로젝트라고 해도 주니어급에게 전체를 맡기지 않는다. 이런 상황에서 경력 5년 차가 프로젝트를 전부 진행했다는 내용의 경력기술서를 실무팀장이 읽게 되면 어떻게 생각할까? 채용 포지션도 기획보다는 데이터분석과 자료 조사에 강점을 가진 사람이 적합할 것이다.

D씨에게 단순 참여 프로젝트는 과감하게 삭제하고, 실제 참여

도가 높은 프로젝트 위주로 직접 담당했던 업무인 자료 조사와 데이터분석 업무를 부각시켜서 다시 작성할 것을 주문했다. 그렇게 해야 면접에서도 자신감 있게 이야기할 수 있고 채용 기업에서도 적합한 인재라고 판단할 가능성이 높기 때문이다. D씨는 조언받은 대로 경력기술서를 다시 작성했고, 그 이후 본인이 원하는 유망 스타트업 입사에 성공했다.

전략적인 경력기술서란?

자신이 어느 회사의 어떤 포지션에 지원할 것인지 정하고 그에 맞게 경력기술서를 수정하는 전략을 사용해야 한다. 자신이 담당하고 있는 업무 중에서 채용 공고의 내용과 일치하는 부분은 가장 먼저 쓰고 최대한 자세하게 작성해야 한다. 내용을 무리하게 늘리라는 것이 아닌 세부 사항에 대해서도 놓치지 말고 써야 한다.

채용 포지션과 관련이 없는 업무를 했다면 때로는 과감하게 삭제하는 것도 필요하다. 다양한 업무를 했던 것은 업무 범위가 넓다는 장점이 있지만 회사 입장에서는 전문성을 더욱 중요하게 생각하는 경향이 있기 때문이다. 또한 자신이 했던 업무를 모두 다 기재할 필요는 없다. 선택과 집중을 통해서 중요도가 높고 자신의 핵심역량과 연결된 업무를 위주로 써야 한다.

중소기업에서 인사, 총무를 담당하고 있는 H씨는 상당히 넓은 업무 범위를 가지고 있다. 기본적인 인사기획부터 교육 프로그램 관련 업무와 총무 업무까지 담당하고 있다. 물론 업무의 70% 정도는 인사 업무지만 30% 정도 담당했던 총무 업무도 분명히 했던 업무이니 했던 일을 안 했다고 할 수도 없었다. 그렇다 보니 자신만의 전문적인 업무 능력을 나타내는 데 어려움을 겪고 있었다.

채용 기업에서 원하는 사람이 인사와 총무를 두루 경험한 사람이라면 문제가 없지만 인사 업무만을 담당할 사람이라면 다소 적합성이 떨어질 수 있기 때문에 조금 과감한 결정이 필요했다. 인사 담당 포지션에 지원할 때에는 총무 업무 내용을 거의 기재하지 않은 것이다.

이런 수정 하나로 H씨의 경력기술서는 인사팀에 적합한 전문성을 가지게 된 것이다. 하지 않은 일을 했다고 하는 것은 큰 문제가 될 수 있지만 했던 업무를 전략적인 선택에 따라 누락하는 것은 문제가 되지 않는다. 이 정도는 면접에서 이야기해도 큰 결격사유가 아니다.

덜어내는 게 좋은 경력기술서도 있다

다양한 출판 관련 서비스를 제공하는 스타트업의 온라인 마케터 포지션을 진행했던 적이 있다. 경력 8년 이상 대리~과장급의 인재를 찾는 프로젝트였는데 지인으로부터 적합한 사람을 소개받고 회사와 포지션에 대해 설명하고 경력기술서를 받았다. 현재 유통 대기업에서 마케터로 근무하는 사람인데 스타트업으로 이직을 추진 중인 사람이었다. 나름 학력이나 경력도 나쁘지 않은 사람인데 서류 심사에서 자주 떨어졌다는 이야기를 들었다. 왜 그런지 궁금했는데 경력기술서를 받아보고 알게 되었다.

우선 마케팅 경력에 비해 담당했다는 캠페인이 너무 많았다. 그리고 경력 세부 내용은 자신이 했던 마케팅 프로젝트를 쭉 나열해 놓은 느낌이었다. 게다가 이력서 분량도 여덟 장으로 너무 많았다. 온라인 마케팅 업무를 함에 있어서 장점과 핵심역량이 드러나지 않았다.

우선 프로젝트의 우선순위에 따라 참여도가 낮은 프로젝트와 금액적으로 크지 않은 프로젝트는 과감히 제거하고 실제 참여도가 높은 프로젝트를 위주로 작성하고 핵심역량은 숫자로 나타낼 수 있는 성과를 위주로 작성했다. 분량도 절반으로 줄였다. 수정과 보완을 두세 번 반복했는데 요청하면 하루가 지나지 않아 수정본을 보내올 만큼 적극적인 태도를 보였다. 아쉽게도 내가 진행했던 회사에는 합격하지 못했지만 3개월 후에 원하던 회사에 합격했다고 소식을 전해왔다.

채용 공고의 우대사항은 필수다

각 직무마다 이직할 때 채용 공고를 보면 우대사항이 있다. 예를 들어 계열사가 많은 회사에서 회계 직무 담당자를 뽑는다면 연결회계 경험이 있는 사람을 원할 것이다. IT 서비스 회사에서 채용 직무 담당자를 뽑을 때는 개발자 채용 경험이 많은 사람을 우대할 것이다.

이직은 회사가 원한다고 이루어지는 것도 아니고 내가 원한다고 해서 되는 것도 아니다. 자리는 한정적이며 원하는 사람은 많은 경우가 대부분이다. 물론 채용 기업이 시장 상황을 잘 모르고 존재하지 않는 사람을 찾는 경우도 간혹 존재하지만 대부분 정상적인 기업의 채용은 비슷한 스펙과 조건을 가진 사람들이 경쟁하는 구도다.

중요한 것은 실제 합격하는 사람들을 보면 우대사항에 해당하는 조건을 최소한 한 개 이상 가지고 있다는 것이다. 만약 본인이 원하는 기업의 채용 공고를 발견했다면 가장 먼저 담당 업무와 자격조건에 자신의 경력이 부합하는지 확인해야 한다. 그다음 우대사항에 자신이 해당하는 항목이 있다면 합격 가능성은 높아진다.

인사(특히 급여) 또는 재무 직무를 채용할 때는 어느 정도 규모의 사업장을 담당해본 경험 유무가 채용의 중요한 요인이 된다. 예를 들어 '매출액 1,000억 이상, 직원 수 500명 이상 재직 경험자 우대'와 같은 내용이 공고에 많이 기재되어 있다. 또는 회사가 해외 사업장을 보유하고 있는 경우에는 영어 또는 사업장 소재 국가의 언어 구사 능력을 가진 사람을 선호할 것이다.

이직 시장에서는 '우대'를 우대한다

전자기기 제조회사에서 부자재 구매담당 6년 차인 M씨는 이직을 준비 중이다. 구매 업무가 적성에 맞아서 업무를 바꾸고 싶은 생각은 없지만 인더스트리를 바꾸고 싶었다. 그러던 중 자신이 원하는 외국계 소비재 기업에서 GSM(Global Sourcing Manager)을 채용하는 공고를 보고 지원했다. GSM은 일반 구매 업무 중에서도 특히 글로벌 소싱 부문에서 역량을 보여야 하는 포지션이었다. 우대사항으로는 동종 업계 경력 그리고 중국어 구사 능력이 있었다.

M씨는 우선 중국에서 대학을 나와 중국어 구사 능력이 뛰어났다. 그리고 경력기술서를 작성할 때 글로벌 소싱 성과 부분을 집중적으로 작성했다. 실제 업무에서 자신이 담당했던 원료의 구입 국가를 변경하면서 원가절감에 성공한 사례, 현재 담당하고 있는 구매 아이템의 대부분이 해외조달이라는 점을 적극적으로 어필해 이직에 성공할 수 있었다.

채용 공고에 사용되는 경력기술서(JD, Job Description)는 기업에서 원하는 이상적인 인재의 모습을 설명하고 있기 때문에 실제로 기재된 담당 업무에 딱 맞는 사람을 찾는 것은 현실적으로 매우 어렵다. 그렇기 때문에 우대사항이 중요한 것이다. 경력직 이직을 하고자 할 때에는 가능한 채용 공고의 우대사항에 자신의 역량이 포함된 곳을 지원해야 합격 가능성을 높일 수 있다.

데이터와 텍스트의 조화가 생명이다

경력기술서는 보고서다

직장인에게 보고서를 작성하는 것은 업무 시간의 상당 부분을 할애해야 하는 중요한 일이다. 보고서의 종류도 굉장히 다양하다. 팀 내 일지와 같이 정기적인 보고서, 프로젝트나 중요 업무, 출장 결과에 따른 보고서와 같이 부정기적인 보고서가 있다. 아마도 보고서 스트레스를 받지 않는 직장인은 존재하지 않을 것이다. 작성할 보고서가 많으면 많아서 힘들고 많지 않더라도 언제까지 작성해야 하는 기한 때문에 힘들다. 특히 재택근무가 일상화되고 있는 상황에서 보고서 작성 능력의 중요성은 더욱 증가한다. 성과나 결과를 보여주는 보고서를 제대로 작성하지 못하면 일은 일대로 하고 평가를 잘 받지 못하는 경우도 자주 발생할 것이다.

보고서를 작성할 때 우리가 항상 염두에 두고 있는 것은 이 보고서를 읽는 사람의 성향일 것이다. 어떤 사람은 텍스트보다는 이미지를 활용한 보고서를 선호하고 또 다른 어떤 사람은 최대한 간결하고 분량이 적은 보고서를 선호한다. 그러므로 우리는 보고할 대상의 성향을 정확하게 파악하고 그에 적합한 보고서를 작성해야 일 잘한다는 소리를 들을 수 있다.

경력기술서도 결국 다른 사람에게 나의 강점과 업무 경험에 대한 내용을 전달하는 일종의 보고서라고 생각해야 한다. 읽는 사람 입장에서 내 경력 사항 중에 어떤 것이 궁금하고 어떤 부분에 관심을 가질지 생각하면서 써야 경쟁력이 있는 경력기술서가 될 수 있다.

설득을 위한 근거자료 데이터는 필수다

다른 사람에게 나의 주장이 설득력을 가지기 위해서 가장 필요한 것은 무엇일까? 말로 설명하는 경우에는 전달하는 사람의 역량이 중요하겠지만 경력기술서 같은 문서에서는 자신의 강점과 성과에 대한 명확하고 간결한 표현과 더불어 그것을 뒷받침할 수 있는 근거자료를 함께 제시하는 것이 가장 중요하다. 그래야 내가 채용 기업에 어필하고 싶은 나의 역량과 업무 성과에 대해 상대방이 신뢰할 수 있다.

다이어트용 닭고기를 생산하는 중견 식품업체의 영업팀에서 근무하고 있는 5년 차 P씨는 이직을 준비 중이다. 성장 가능성이 있는 스타트업의 영업팀에 지원하기 위해 경력기술서를 작성하는데 어떻게 쓰는 것이 좋을지 고민하고 있었다. 그때 같은 회사로 먼저 이직한 선배가 조언을 해주었다. 현재 우리 회사는 공격적인 영업 활동을 통해 시장에서 점유율을 높이는 것을 추진하고 있는 상황이기 때문에 신규 거래처 발굴 성과를 중점적으로 쓰는 것이 좋다는 내용이었다. P씨는 그동안 자기가 직접 거래 관계를 체결한 업체에 대해 업체 수와 각각의 매출액과 주요 아이템에 대해 정리해서 경력기술서 성과에 기재했다. 그리고 그 내용을 토대로 면접에서 신규 거래처 확대에 대한 강한 자신감을 어필해 좋은 조건으로 이직할 수 있었다.

영업팀은 자신의 성과를 명확하게 숫자를 사용해서 나타낼 수 있는 직무 중 하나다. 자신이 담당하는 채널이나 고객사의 매출 추이와 그에 따른 성과는 당연하게 숫자로 나타낼 수 있다. 근거를 제시하는 데 가장 일반적이면서도 확실한 방법이 숫자를 쓰는 것이다. 자신의 성과를 숫자로 표기하기 어려운 직무라고 해도 곰곰이 생각해보면 개수나 유입 수, 증가 품목 등 퍼센트로 표기할 수 있는 다양한 숫자를 찾을 수 있을 것이다. 숫자를 못 찾아도 괜찮다. 문맥상 주장에 대한 근거의 느낌을 줄 수 있다면 충분히 근거자료로 활용할 수 있다.

작성한 다음 반드시 검토하라

경력기술서를 완성한 다음에는 반드시 여러 번 검토해서 오타나 맞춤법 오류가 있는지 반드시 확인해야 한다. 회사 업무용 보고서를 작성할 때에는 대부분 확인 작업을 할 것이다. 소위 말해 욕먹기 싫고 지적받기 싫기 때문일 것이다. 경력기술서와 보고서의 가장 큰 차이는 보고서는 수정 작업할 기회가 있지만 경력기술서는 그럴 기회가 없다는 것이다. 서류 검토하는 사람이 맞춤법 오류나 오탈자가 있는 보고서를 싫어하는 사람이고 당신의 경력기술서에 작은 실수가 있었다고 생각해보자. 이건 보나 마나 좋은 결과를 기대하기 어렵다. 정말 그 포지션에 사람을 뽑기 어렵고 당신이 그 업무에 적합하다면 모르겠지만 그것이 아니라면 누가 봐도 성의 부족이라고 생각할 것이다.

만약 당신이 정말 너무나도 가고 싶은 회사고 지원 기회가 몇 년에 한 번 온다면 이런 실수를 하겠는가? 어차피 경력기술서는 지원할 때마다 새로 쓰는 것은 아니다. 기본 베이스로 작성해놓은 다음 지원 기업과 포지션에 따라 조금씩 수정하면 된다. 그러므로 실수는 더욱 치명적일 수 있다. 자신도 모르는 사이 오탈자는 계속 존재하기 때문이다. 아마도 잘못된 부분이 있는지도 모를 것이다.

핀테크 기업에서 서비스 기획 업무를 담당하고 있는 8년 차 F씨는 원하는 이직이 잘 되지 않아서 답답하다. 학교도 나쁘지 않고 현재 재직 중인 기업도 인지도가 있는 곳인데 이상하게 서류 심사에서 자주 탈락하곤 했다. 기존 작성된 경력기술서와 자기소개서를 확인해보니 심각한 실수가 있었다. 경력 사항 중에서 재직했던 회사명과 재직 기간을 작성하는데 복사해서 붙여넣다 보니 세 번째 회사와 네 번째 회사 이름과 재직 기간이 중복된 것이다.

최근에 근무했던 곳이 아니어서 신경 쓰지 않았다고 하는데 만약 담당자가 이런 경력기술서를 받으면 과연 면접을 보고 싶어 할까? 아마도 우리 회사에 지원은 했지만 최소한의 성의도 없고 일 처리도 꼼꼼하지 않을 것이라 생각할 것이다. 이 부분을 수정하고 전체적으로 업무 내용을 다듬었다. 이 실수 때문이었는지 그다음에는 면접까지 가는 경우도 늘어나게 되어 결국 이직에 성공해서 본인이 원하는 이커머스 기업에서 근무하고 있다.

경력기술서는 임원 보고서처럼 작성하라

만약 당신의 상사가 이런 사람이라면 어떨까? 업무 능력이 뛰어나서 일도 잘하고 게다가 성격도 엄청 꼼꼼해서 작은 디테일 하나도 놓치는 일이 없다. 어설프게 제출했다가는 맘에 들 때까지 몇 번이고 수정해야 하고 반려당할 때마다 엄청 욕을 먹어야 한다.

만약 당신이 이런 사람에게 제출하는 보고서를 쓴다면 어떻게 쓸 것인가? 아마도 보고서를 작성해야 하는 이유와 원하는 내용이 무엇인지부터 파악할 것이다. 관련 자료는 어디에서 어떻게 수집하고 어떤 양식으로 작성하는 것이 좋을지, 분량은 어떻게 할 것인지 평소 파악한 그 사람의 스타일에 맞춰서 작성하려 할 것이다.

그리고 글씨체와 크기, 문단 부호는 어떻게 쓰는 것이 좋은지, 사소한 단어 하나부터 줄이 잘 맞았는지와 같은 형식에 대해서도 고민할 것이다. 완성했다고 생각하다가도 아마 여러 번 고치게 될 것이다.

예전에 구매팀에서 근무할 때 보고서 때문에 힘들었던 적이 있었다. 회사에서 진행하는 신규 사업의 중요한 비중을 차지하는 원료를 담당하게 되어 원료 시황 보고서를 매주 작성해 팀장님과 함께 본부장님(상무)에게 보고하는 일이었다.

본부장님이 요구한 보고서의 조건은 워드로 작성하되 분량은 한 페이지를 넘겨서는 안 되며, 파악된 경쟁사의 구매 정보와 국산 및 수입품의 가격 변동사항은 6개월, 1년 단위로 구분해 작성할 것이었다. 워드 한 페이지에 들어갈 수 있는 내용은 생각보다 많지 않다. 그래서 어떤 내용을 어떤 형식으로 넣고 문구는 어떻게 할지 팀장님과 회의해서 몇 번의 수정을 거친 다음 보고를 진행했다. 다행히 큰 지적 없이 보고를 마무리했고 그 이후에는 익숙해져서 수정하는 횟수도 줄어들어 업무 시간도 절약할 수 있었다.

경력기술서는 지금 내가 이야기한 임원용 보고서보다 훨씬 중요한 서류라고 생각해야 한다. 회사에서 보고서 잘못 쓰면 욕먹고 다시 쓸 기회를 받을 수 있지만 경력기술서를 잘못 쓰면 탈락하기 때문에 중요한 이직 기회를 놓치게 되는 것이니 중요도 측면에서 차원이 다른 문제라고 인식해야 한다.

경력기술서 작성하는 목적을 잊지 말자

경력기술서는 입사하기 위한 지원 서류다. 서류 합격이 목적이 아니라 새로운 회사에 입사하기 위한 목적을 가진 서류라는 것을 잊지 말아야 한다. 대충 작성한 경력기술서로 서류 합격해서 면접에 간다 해도 결국 고배를 마시게 될 것이다.

경력기술서는 자신의 능력을 어떻게 표현하느냐도 중요하지만 그것만큼 중요한 것이 바로 상대방의 입장에서 생각하면서 작성되어야 한다는 것이다. 읽는 사람이 내용을 파악하는 데 어려움이 없어야 하고 한눈에 볼 수 있도록 가독성을 높이는 방향으로 작성해야 한다. 그래야 이직의 첫 관문인 서류 심사를 통과할 확률이 높아진다.

중요한 보고서를 작성하는 것처럼 경력기술서를 작성하면 아마도 자신의 핵심역량과 경력 세부 사항을 확실하게 부각시키고 업무 내용과 성과를 일목요연하게 나타낼 수 있을 것이다. 이런 경력기술서를 작성한 사람은 자신의 업무 관련 내용을 확실하게 알고 있기 때문에 면접에서도 유리할 것이다.

자기소개서는 간결하게

자기소개서보다 경력기술서!

경력직 채용 과정에서 자기소개서는 신입 채용에 비해서 중요도가 다소 낮다. 중요하지 않다는 의미는 아니지만 상대적으로 그렇다는 의미다. 신입 채용에서 자기소개서는 서류 통과의 당락을 결정짓는 중요한 평가 요소지만 실제로 경력직 채용에서는 그렇게까지 중요한 서류는 아니라는 것을 알아야 한다. 신입 지원자는 자신의 스펙 이외에 가진 역량과 잠재력과 같이 주관적인 내용을 회사에 어필하기 위해서 자기소개서를 작성해야 하지만 경력직 지원자는 채용하는 데 결정적인 역할을 하는 재직 회사와 경력 세부 사항이 기록된 경력기술서가 더 중요하기 때문이다.

결국 경력직 이직에서 자기소개서를 작성하는 데 지나치게 장시간 고민하고 많은 에너지를 쏟을 필요는 없다. 그 시간에 경력기술서의 경력 내용과 핵심역량을 고민하는 것이 훨씬 효과적이다. 실제로 자기소개서를 모든 기업에서 반드시 요구하고 있는 상황도 아니기 때문이다.

그렇다고 대충 쓰라는 의미는 절대 아니다. 대충 작성한 자기소개서가 경쟁 상황에서 단점으로 작용해 채용 결과를 바꿔놓을 수도 있기 때문이다. 지원하는 회사에서 자기소개서를 요구하거나 특정 항목을 명시해두고 있다면 반드시 그것에 따라서 작성해야 한다.

경력직 이직 자기소개서는 너무 특별하게 쓸 필요 없다

자기소개서는 말 그대로 자신의 강점과 지원 회사에 대한 입사 의지를 글로 풀어서 쓰는 것이다. 경력기술서를 통해 자신의 업무와 강점에 대해 명확하게 드러냈다면 자기소개서는 그 내용에 대한 설명이라고 생각하면 된다.

가장 좋은 사례는 핵심역량에서 작성했던 성공 프로젝트에 대한 상세 내용을 쓰는 것이다. 경력기술서 핵심역량을 신규 거래처 발굴을 통한 매출 실적 향상이라고 썼다 하자. 그러면 어떤 방식을 통해 진행했으며 어려움이 있었지만 어떻게 극복했는지에 대한 내용을 쓴다면 자기소개서를 핵심역량의 근거자료로 제대로 활용했다고 볼 수 있다.

지원 회사 이름을 잘못 썼다든가 정말 앞뒤 문맥이 하나도 맞지 않고 읽어도 무슨 내용인지 파악이 안 될 만큼 심각한 수준의 글이라면 문제가 되겠지만, 그렇지 않다면 자기소개서는 입사 여부를 결정하는 핵심 판단 기준은 아니다. 말 그대로 떨어뜨릴 이유를 주지 않는 수준만 넘으면 된다. 즉 최종 경쟁자 두 명이 있는데 그들 중에 어떤 사람을 합격자로 결정할 것인가 고민할 때 자기소개서의 우열이 결정적인 이유가 되지는 않는다는 의미다. 자기소개서를 읽는 인사 담당자로부터 어느 정도의 공감대만 이끌어낼 수 있다면 성공적이라고 생각한다.

지원 동기, 입사 후 포부, 성공 사례는 꼭 넣자

기업에서 지정한 자기소개서 항목이 없다면 어떤 것을 써야 할지 고민이 될 것이다. 우선 성장 과정은 굳이 쓸 필요가 없다. 성장 과정을 물어보는 것은 신입에 해당된다. 지금까지 회사에 입사하기 위해 어떤 과정을 겪었는지 확인할 때 자주 쓰는 질문이므로 넘겨도 된다.

반드시 포함되어야 하는 내용은 이 회사를 지원하게 된 동기(지원 동기) 그리고 입사해서 어떻게 업무를 할 것인지에 대한 계획(입사 후 포부), 지금까지 자신이 담당했던 업무 중에서 가장 좋은 성과를 냈던 프로젝트(성공 사례) 이렇게 3가지를 쓰면 기업에서 지원자에 대해 궁금한 내용은 거의 해소가 될 것이다.

지원 동기는 아마 자기소개서를 쓸 때 가장 어려워하는 항목일 것이다. 지원 동기를 작성할 때는 최소한 지원하는 기업에 맞춰 작성하려는 성의와 태도가 필요하다. 지원 동기를 작성할 때 자주 하는 실수 중에 하나가 바로 내가 어떤 업무에 강점을 가지고 있어서 그 능력을 발휘하기 위해서 지원했다고 쓰는 것이다. 얼핏 들으면 나쁘지 않아 보이지만 왜 해당 회사에 지원했는지에 대한 답변은 없다. 지원 동기는 지원한 기업에 대해 조사하고 내가 지원하게 된 이유를 쓰는 것이다. 그래서 어느 정도 진정성이 있어야 한다.

면접에 가면 이 내용에 대해 또다시 물어볼 가능성이 매우 높다. 비록 지원 동기를 잘 썼다는 이유만으로 합격시키진 않지만 실수하게 되면 다른 항목의 실수에 비해 부정적인 판단을 내릴 가능성이 높다. 사람을 뽑아야 하는 입장에서 지원자가 왜 우리 회사에 오려고 하는지에 대한 답변이 만족스럽지 않고 읽어본 지원 동기에 대해 공감하지 못한다면, 비록 경력 사항이 좋다고 해도 뽑고 싶은 생각이 사라지게 될 가능성이 매우 높다.

입사 후 포부는 따로 써도 좋고 지원 동기와 합쳐서 한 항목으로 쓰는 것도 괜찮다. 입사 후 포부가 중요한 것은 면접에서 관련 질문이 나오기 때문이다. 가능하면 구체적이고 어느 정도 실현 가능한 수준의 내용을 작성해야 한다. '회사를 변화시키겠다', '매출을 두세 배 늘리겠다'와 같은 답변은 당신의 전문성을 희석시키는 답변이다. 어떻게 작성해야 할지 잘 모르겠다면 현재 자신의 KPI 항목을 이용해서 지원한 회사의 업무와 연결해서 쓰는 것도 좋은 방법이다.

성공 사례는 자신의 강점과 핵심역량을 다시 한번 강조할 수 있는 좋은 기회다. 그리고 사례나 프로젝트는 경력기술서에 있는 내용 중에서 자신의 참여도가 높은 것을 선정하는 것이 유리하다. 그래야 쓸 내용도 풍부해지고 디테일도 살아 있게 된다.

자기소개서를 경력기술서의 보완 수단으로 활용하라

경력기술서가 자신의 업무 능력과 성과를 결과에 집중해서 작성한다면 자기소개서는 성공한 결과보다 과정에 집중해서 써야 한다. 어차피 성과는 경력기술서에 자세하게 기록했기 때문에 반복할 필요는 없다. 프로젝트 과정에서 내가 얼마나 다른 사람들과 협업을 잘했는지, 얼마나 책임감을 가지고 끈기 있게 일을 했는지, 어떤 어려움이 있었는지, 그래서 그것을 어떻게 극복했는지 쓰게 되면 자연스럽게 자신의 역량을 강조할 수 있다.

예를 들어 경력기술서에 ○○○ 프로그램을 만들어서 서비스를 진행한 결과 유입된 신규 유저 수가 얼마나 되고 당해 얼마의 매출로 연결되었다는 내용을 작성했다고 하자. 그러면 자기소개서에는 서비스를 기획하게 된 배경과 개발 과정에서의 어려움, 즉 인원 부족이나 정해진 기한 때문에 야근을 하거나 주말에도 일을 해야 했을 만큼 상당히 힘든 프로젝트라는 내용을 쓰는 것이다. 야근, 주말에도 출근을 했다는 내용을 통해 업무에 대한 집중도가 높고 책임감이 있다는 것을 나타낼 수 있다.

또는 공식적인 어학 점수는 없지만 능숙한 외국어 구사 능력이 있다면 프로젝트를 할 때 관련 언어로 자료 조사를 하고 통역을 담당했다는 내용을 쓰게 되면 자연스럽게 상대에게 자신의 장점을 알려줄 수 있다.

합격하는 면접 vs 제 살 깎아 먹는 면접

준비 없는 면접은 필패

이직할 때 서류 심사를 무사히 통과하게 되면 직면하게 되는 과정이 바로 면접이다. 2차까지 보는 회사들이 대부분이며 회사에 따라 3차 이상 가는 곳도 있다(내가 경험한 외국계 제조업의 마케팅 매니저는 6차 면접까지 본 적도 있다). 일반적으로 1차는 실무진 면접, 2차는 임원 또는 대표 면접으로 진행되며 부장이나 임원급이 아니라면 대부분 1차 면접에서 어느 정도 결과가 정해진다고 생각해도 무방하다.

대부분 사람들은 면접을 잘 보기 위해서는 말을 잘해야 한다고 생각할 것이다. 실제로 면접에서 말을 잘한다는 의미는 화려한 언변을 구사한다는 것이 아니다. 만약 레크리에이션 강사 또는 대중을 휘어잡아야 하는 쇼호스트와 같은 사람들이라면 소위 말하는 입담이 좋아야 한다. 순간 대응력이 좋아야 하며 계속해서 대화를 이어나가야 하기 때문에 말솜씨는 필수일 것이다.

하지만 면접에서 말솜씨가 중요한 것은 아니다. 면접관의 질문에 대해 제대로 답변하지 못하는 것은 준비가 부족했거나 답변을 하기 위한 지식이 부족하다고 봐야 한다. 말솜씨가 좋다고 해서 모르는 것에 대해 순간적으로 아는 척하면서 모면할 수는 있겠지만 그 정도는 면접관이 파악할 수 있다.

처음 신입 사원 채용에 지원할 때는 모의면접도 하고 예상 질문을 뽑아보고 자신의 목소리도 가다듬는 등 여러 가지 준비를 하지만 경력직 입사 면접을 볼 때는 준비의 중요성을 경시하는 사람들도 있다. 어차피 지금 하고 있거나 과거에 했었던 업무에 대한 내용이 주를 이루기 때문에 잘 대답할 수 있다고 생각하지만 실제로 면접을 진행해보면 의외로 많은 사람이 긴장하게 된다는 것을 알게 될 것이다.

면접은 일정 조율부터 시작된다

면접 일자를 정하는 방식은 채용 기업에 따라 차이가 있다. 우선 회사에서 일정을 정해서 통보하는 경우가 있다. 대기업이나 다소 보수적인 분위기의 회사(보수적이라는 것이 반드시 부정적인 의미는 아니다. 산업에 따라 그런 성향을 보일 수 있으며 오히려 이런 분위기를 선호하는 사람들도 많다)가 이런 방식으로 진행한다. 이 경우 후보자가 복수일 경우가 많고 면접관 일정을 우선해 결정하기 때문이다.

지원자의 일정을 확인해서 면접 일자를 결정하는 경우가 좀 더 다수를 차지한다. 지원자로부터 가능한 일정을 몇 개 받은 다음 조율하거나 회사에서 먼저 지원자에게 선택지를 제시하는 경우도 있다. 회사에서 지정한 일자가 있는 경우에는 변경하는 것이 쉽지 않고 결국 그 회사에 가고 싶은 의지가 있다면 맞춰야 하기 때문에 일정 조율이라는 과정은 의미 없다.

날짜를 협의해야 한다면 되도록 지원 기업의 사정에 맞추는 것이 좋다. 현재 내가 하고 있는 업무가 많이 바빠서 시간을 내기 어렵다고 해도 지나치게 자기 위주로 면접 일정을 잡으려고 하는 태도는 매우 바람직하지 못하다. 왜냐하면 면접은 지원 회사의 채용 담당자와 일정을 조율하는 과정에서부터 시작되기 때문이다.

퉁명스러운 전화 한 통으로 고배를 마신 M씨

공업용 설비 부품 제조기업에서 영업팀 과장으로 근무하고 있는 M씨는 외국계 부품기업의 세일즈 매니저 포지션에 지원했다. 그 회사에 근무하고 있는 지인이 채용 정보를 알려줬고 회사 규모도 지금보다 크고 담당 업무도 평소 관심이 있었기 때문에 서류 작성부터 신경 써서 준비했다. 1차 면접 결과 합격하게 되었고 2차 임원 면접을 앞두고 있었다.

회사는 M씨의 1차 면접 결과가 상당히 좋은 편이어서 바로 2차 임원 면접을 진행하려 했다. 채용팀에서 M씨에게 다음 주 화, 수, 목 중에 가능한 일정을 알려달라는 메일을 보냈다. M씨는 중요한 프로젝트가 진행 중이라 2주 후에나 가능하다고 답변을 했다.

채용 기업에서는 이 포지션에 적합한 사람을 가능한 한 빨리 뽑아야 했기 때문에 채용팀 담당자는 직접 전화를 걸어 사정을 설명하고 될 수 있으면 다음 주에 면접이 진행될 수 있도록 요청했다. 그 과정에서 M씨는 진행하는 프로젝트의 중요성에 대해 이야기하면서 어렵다는 입장을 보이며 채용 담당자에게 '내가 바빠서 어렵다고 이야기했는데 왜 자꾸 요구하냐'라는 말을 하게 되었다. 솔직히 채용 담당자 입장에서는 빨리 채용을 마무리해야 하기 때문에 기분이 상했지만 설득해서 우여곡절 끝에 임원 면접을 진행하게 되었다.

최종적으로 M씨와 다른 사람이 후보로 올라왔다. 임원이 채용팀에게 각 후보자들에 대한 의견을 물어보았을 때 당연히 M씨보다 다른 사람의 장점을 부각해서 이야기했고 결국 M씨는 탈락하게 되었다. 만약 M씨가 채용 담당자의 사정을 고려해서 매너 있게 대화하면서 일정 협의를 마쳤으면 합격자는 그가 되었을 것이다.

인사팀 담당자는 합격하면 같은 회사의 동료가 될 사람이기 때문에 최대한 예의를 갖춰서 의사소통을 해야 하며 자신보다 직급이 낮다고 지나치게 편하게 대해서는 안 된다. 그 회사와 관련된 모든 행동이 당신의 평판이 될 수 있다.

면접자는 자신감으로 말해야 한다

면접은 이직 과정의 핵심이며 지원자의 첫인상을 결정하는 중요한 절차다. 비록 경력직이라고 해도 새로운 환경에서 새로운 사람과의 인터뷰는 긴장할 수밖에 없다. 더군다나 1차 실무진 면접의 경우 대부분 직속 팀장이 될 사람이 면접관으로 등장하기 때문에 더욱 그러하다.

면접에서 가장 중요한 것은 무엇일까? 커리어 컨설팅을 하면서 이 질문을 하면 많은 사람이 내가 생각하는 답을 내놓는다. 바로 자신감이다. 자신감만큼 면접에서 중요한 것은 없을 것이다. 자신감이 없는 사람을 뽑는 회사는 없다.

그렇다면 이런 자신감을 키우기 위해서 어떻게 해야 할 것인가? 그것은 제출했던 경력기술서와 자기소개서의 내용을 완벽하게 알고 있는 것에서 출발한다. 그래서 면접을 앞둔 사람에게 면접 전에 반드시 경력기술서를 최소한 세 번 이상 정독하고 가야 한다고 조언한다. 이를 통해 과거의 업무에 대한 정리를 할 수 있고 현재 진행하고 있는 업무 내용에 대한 간결하고 명확한 설명이 가능해진다.

경력직 면접은 신입 면접과 다르게 본인이 지금까지 했던 업무, 실무 위주의 질문이 대부분이다. 내가 어떤 업무를 했고, 어떤 프로젝트를 경험했으며, 어떤 성과를 만들어 냈는지에 대한 내용을 문답식으로 진행한다. 면접관의 질문 대부분은 지원자가 했던 업무에 기반해 이를 통해 지원자의 업무 역량과 스킬을 파악하고 향후 미래에 대한 계획에 집중되기 마련이다. 만약 당신이 당신 업무와 성과에 대해 확실하게 파악하고 있다면 이런 면접관의 질문에 충분히 대응할 수 있을 것이다. 그렇게 되면 자신감은 자연스럽게 생기게 된다. 이미 내용을 알고 있는 것에 대한 질문은 차분하게 이야기하기만 하면 된다.

만약 경력기술서의 내용이 지나치게 과장되어 있거나 실제 내용과 다르다면 면접 때 불리하게 작용할 수 있다. 내가 알고 있고 했던 것을 상대방에서 설명하는 것이 아니라 꾸며내고 만들어낸 내용을 했던 것처럼 이야기해야 하는데, 이는 어지간한 연기력이 있다 해도 실무 면접관의 날카로운 시각을 피할 수 없을 것이다.

J 차장과 H씨는 무엇이 달랐을까

IT 핀테크 기업의 영업팀 차장으로 근무하는 J 차장은 평소 관심을 두고 있던 분야 회사의 영업팀장으로 지원하게 되었다. 담당 헤드헌터로부터 최대한 회사와 포지션에 대한 정보를 입수해서 이 포지션을 진행하는 이유와 어떤 역할을 원하는지와 같은 배경에 대해 알게 되었다. 면접 전에 지금까지 자신이 했었던 업무와 성과를 다시 한번 정리해 머릿속에 완전히 넣었고, 채용 기업에서 관심 있게 볼 만한 앞으로의 업무 계획과 시장 상황에 대한 예상 질문을 뽑아서 답변을 준비했다.

J 차장은 이런 과정을 거쳐 직무에 대해 확실한 자신감을 갖고 면접을 진행할 수 있었다. 1차 면접 결과 채용 기업은 J 차장에 대

해 상당히 좋은 평가를 내렸으며 바로 대표 면접을 진행했다. 결과는 최종 합격이었다. 연봉 협상 과정에서도 J 차장이 원하는 수준을 완벽하게 맞추기 어려웠지만 사이닝 보너스(Signing Bonus: 연봉 외 별도 지급하는 특별 보너스)를 지급하기로 해서 성공적인 연봉 협상을 할 수 있었다. 이 모든 것은 채용 포지션에 대한 J 차장의 연구하는 태도와 업무에 대한 확실한 이해와 자신감이 있었기 때문에 가능했다.

반면에 바이오 기업에서 회계팀장으로 근무하는 H씨는 그동안 다수의 이직을 진행했으나 아직 성공하지 못한 상태다. 경력이 15년 정도인데 그동안 면접 경험도 많고 실제로 이직도 여러 번 하면서, 본인 스스로를 다양한 산업을 경험하고 이직 절차에 대해서 잘 알고 있는 사람이라 생각했다.

문제는 업무에 바쁘다는 핑계로 면접 준비를 제대로 하지 않고 가는 것이다. 정말 최소한의 정보만을 헤드헌터에게 전달받아서 가다 보니 면접하는 회사 입장에서는 당연히 면접 준비가 되어 있지 않다고 느끼고 게다가 몇 년 전 업무에 대해 질문하면 제대로 답변하지 못하고 얼버무리는 일이 발생했다. H씨는 여전히 이직 활동을 하고 있고 안타깝게도 성공적인 이직을 하지 못해서 또래 비슷한 경력에 비해 연봉도 높지 않은 상황이다.

면접 자기소개를 반드시 준비해야 하는 이유

신입 면접에서 자기소개는 매우 중요하다. 우선 동시에 다수의 지원자가 면접을 진행하는 경우가 많기 때문에 자기소개에서 확실하게 자신의 강점을 어필해야 할 필요가 있다. 하지만 경력직 면접은 1 대 다수로 진행되는 경우가 대부분이므로 자기소개를 반드시 요청하지는 않는다. 이미 사전에 지원자에 대한 내용은 파악되어 있기 때문이다. 그럼에도 불구하고 자기소개를 준비해야 하는 이유는 기업에 따라, 들어오는 면접관의 성향에 따라 요청할 수 있기 때문이다. 만약 준비하지 않았다면 면접 첫 시작부터 삐걱거릴 수 있다.

면접관 입장에서 자기소개를 요청하는 이유는 본격적인 질문 전에 지원자의 긴장을 풀어주고 자기소개를 하는 동안에 어떻게 면접을 진행할 것인지에 대해 시간을 갖기 위해서다. 지원자의 입장에서도 자신의 강점과 업무 역량에 대해 간결하고 명확하게 자기소개를 하게 되면 앞으로 진행될 면접에서 상당히 지원자에게 우호적인 분위기를 만들 수 있다.

다음은 온라인마케팅팀장인 A씨의 자기소개 내용이다.

"안녕하세요. △△사 마케팅 부서에서 온라인 마케팅팀장으로 일하고 있는 A입니다. 저는 마케팅 관련 데이터를 수집하고 가공해 분석하는 능력이 뛰어나며 실무적으로 다양한 툴을 사용할 수 있습니다. 작성된 데이터를 기반으로 프로젝트에 적용 가능한 인사이트를 도출할 수 있습니다. 마지막으로 도출된 인사이트를 바탕으로 다양한 마케팅 캠페인을 다수 기획한 경험을 가지고 있습니다. □□기업은 온라인 시장에서 최근 가장 놀라운 성과를 내고 있습니다. 다양한 온라인 마케팅 활동을 통해 소비자의 인지도를 높이고 매출 증가를 이뤄내고 있습니다. 수평적이고 개방적인 문화를 가진 기업의 온라인 마케팅팀장으로서 팀원을 이끌고 B2C 분야에서 역량을 발휘하고 싶습니다."

이처럼 자신의 업무상 강점을 3가지 정도 언급하는 것이 좋다. 자기소개는 즉흥적으로 생각해서 이야기하는 것이 아니라 미리 준비해서 가야 한다. 그래야 나중에 이와 관련된 질문이 나왔을 때 적절하게 대응할 수 있다.

자기소개를 요청하지 않을 수도 있다. 그러나 준비를 했다면 이를 기반으로 면접 시 다양한 질문 공세에 당황하지 않고 일관성을 유지하면서 답변할 수 있을 것이다.

나에게 유리한 면접 상황을 만드는 법

언택트 시대, 화상 면접은 이렇게 준비하자

코로나 이후 채용 과정에도 많은 변화가 일어났다. 여러 변화 중 가장 급격한 변화가 화상 면접을 채택하는 기업이 급격히 증가한 것이다. 원래 화상 면접은 외국계기업에서 글로벌 본사나 APAC의 담당자들과 진행할 때 주로 사용되었으나 현재는 대부분의 기업이 채택하고 있다. 기본적으로 온라인 면접과 오프라인 면접 모두 채용 기업이 지원자가 자기 회사에 적합한 사람인가를 판단하는 과정이라는 측면에서 본질은 다르지 않다. 하지만 여기에서 중요한 것은 면접 환경이 다르다는 것이다. 같은 공간에서 실제로 마주 보고 이야기하는 것이 아니라 서로 화면을 보고 이야기하는 것이다. 비록 보편화되어 있다고 해도 여전히 어색하게 느끼는 사람들이 아직까지 많다. 직접 오프라인에서 만나 이야기하면 긴장감이 올라갈 수 있지만 면접관의 표정이나 어투를 파악하기 용이해서 즉각적인 대응이 가능한 장점이 있다. 하지만 화면으로 진행하게 되면 이렇게 대응을 하는 것이 다소 어려울 수 있다. 그렇다면 화상 면접을 잘 치르기 위해 어떻게 해야 할까?

화면 뒷배경은 아무것도 없는 벽이 좋다

화면으로 상대방을 보기 때문에 지원자 본인에게 시선을 집중시키기 위해서는 시선을 분산시킬 만한 것들을 없애야 한다. 가끔 집에서 진행하면서 커튼이나 가구, 특히 원룸 같은 경우 침대가 보이는 경우도 있는데 이는 준비성이 부족하다는 인상을 줄 수 있다. 어쩔 수 없는 상황이 아니라면 집보다는 모임 센터나 스튜디오를 빌려서 진행하는 것이 좋다.

추가적으로 프로그램을 사용해서 화면 배경을 지우는 것은 하지 않길 바란다. 사용해봐서 알겠지만 내 윤곽선이 흐리게 나올뿐더러 어디서 하길래 화면을 가리는지 면접관들을 궁금하게 만들 여지도 있다. 불필요한 오해의 소지를 만들지 말자. 얼마 전 한 대학교수가 온라인 수업을 하는데 욕조에서 목욕하면서 강의해서 물의를 일으킨 적이 있다. 위험 요소는 가능하다면 제거하는 것이 좋다.

화면 구도는 수평으로 유지한다

면접에서 시선 처리는 반드시 신경 써야 하는 기본 사항이다.

대면 면접일 경우에는 누구나 아는 것처럼 인중을 바라보면 되지만 화면상으로 이야기할 때에는 카메라를 보는 것이 기본이다. 노트북의 경우 웹캠이 일반적으로 시선보다 낮게 위치해 있어서 보는 사람의 입장에서는 올려다보는 느낌을 주는 구도가 나올 수 있다. 이런 경우 미리 리허설을 통해 노트북 받침대를 사용하거나 다른 도구를 이용해서 눈높이를 맞추는 것이 좋다.

목소리는 평소보다 조금 크게 한다

화상 인터뷰는 대면 인터뷰에 비해 생각보다 내 목소리의 전달력이 떨어질 수 있다. 특히 같은 공간에 있다면 내 목소리의 크기를 확실하게 알 수 있어서 조절이 가능하지만 화상 면접은 그런 면에서 알기 어렵다. 그리고 스피커를 통해서 내 목소리가 전달되기 때문에 정확한 의견 전달을 위해서는 조금 크게 이야기하는 것이 좋다. 목소리 크기 조절에 어려움을 느낀다면 적당한 가격의 마이크를 구매하길 바란다. 마이크를 사용하게 되면 평소 목소리로 이야기할 수 있기 때문에 면접 진행에 상당한 도움이 된다.

밝은 곳에서 진행한다

TV나 영화를 찍는 장면을 보면 항상 조명이 많고 거기에 반사판까지 사용하고 있다. 조명이 밝아야 화면상 사람의 모습이 잘 나오기 때문이다. 화상 면접을 진행할 때 집에 있는 조명만으로 이런 분위기를 연출하기에는 다소 부족할 수 있다. 문제는 조금 어둡게 나온다면 지원자의 세부 표정을 파악하기도 어렵고 밝고 활기찬 이미지를 주기 어렵다는 것이다. 그러므로 집에서 할 경우 보조 조명을 사용해서 긍정적이고 밝은 이미지를 주도록 하자.

반드시 방해 요소는 사전에 차단한다

중요한 면접을 진행하는 도중에 주변 환경 때문에 방해받는다면 그것만큼 안타까운 일이 없다. 그러므로 카페는 반드시 피해야 하며 집도 좋은 방법은 아니다. 생각지도 못한 변수가 생길 수 있기 때문이다.

외국계 스포츠 브랜드 마케터로 근무하는 Z씨는 평소 가고 싶어 하던 IT 관련 기업의 화상 면접을 진행하게 되었다. 원래 근처 모임 센터에서 진행하려 했으나 바빠서 예약을 하지 못해서 집에서 화상 면접을 진행하게 되었다. 카메라 구도도 맞추고 배경도 깨끗하게 만들고 옷도 잘 챙겨 입고 만반의 준비를 했다. 문제는 면접이 시작되고 얼마 지나지 않아서 공사 소음이 심하게 들린 것이다.

결국 면접 보는 내내 소음으로 방해를 받았고 같은 이야기를 반복해서 하게 되면서 면접이 매끄럽게 진행되지 않았고, 결과도 역시 좋지 않았다. 아무리 능력이 있는 사람이라도 대화하는 동안 소음으로 인해 의사전달이 어렵다면 좋은 결과를 만들어내기 어렵다.

복장은 면접 복장으로 한다

대면 면접을 하게 되면 대부분 정장이나 깔끔한 비즈니스 캐주

얼을 입고 간다. 화상 면접을 진행할 때에도 면접관에게 단정한 모습을 보여줘야 하므로 면접 복장을 반드시 착용해야 한다. 그리고 위에만 보이니까 밑에는 대충 입어도 상관없다고 생각하는 사람들이 있다. 만에 하나 일어서야 할 일이 생길 수도 있다. 어렵지 않다면 하의도 신경 쓰는 것이 좋다.

자신에게 유리한 시간대를 선택하라

면접관도 직장인이다. 지원자와 다니는 회사가 다를 뿐 직장인이라는 입장은 마찬가지다. 그러므로 면접 시간을 정할 때 직장인들이 다소 예민하고 힘들어하는 시간은 피하는 것이 좋다.

복수의 면접 시간을 선택할 수 있다면 되도록 그중에서 가장 첫 번째 시간을 선택해서 보는 것이 좋다. 예를 들어 면접 시간대를 오전 10시, 11시, 오후 2시, 4시 이렇게 선택하라고 한다면 아마도 지원자가 복수일 것이다. 이 경우 회사 입장에서 채용을 빨리 마무리하고 면접관의 일정을 고려해서 하루에 몰아서 진행하려 할 확률이 높다.

면접은 지극히 주관적이고 상대적인 평가다. 가장 먼저 본다면 비교할 사람이 없기 때문에 선입견 없이 평가를 받을 확률이 높고 첫 번째를 선택했다는 것은 자신감을 내비치는 것으로 인식될 수도 있다.

오전 11시와 오후 3시는 피하는 것이 좋다. 오전 11시는 오전에 면접을 진행했다면, 이미 두세 명 정도 진행한 시간이다. 그렇지 않다고 하더라도 아침 업무를 처리하느라 에너지가 소진된 시점이다. 오후 3시도 뭔가 의욕적으로 새로운 일을 하려는 시간이라기보다는 한 템포 쉬어가고 싶은 시간이다. 그러므로 적극적으로 면접 대상자에 대해 알아내려 하고 뭔가 새로운 장점이나 강점을 파악하려 하기 보다는 한발 물러서서 지원자가 스스로 뭔가 보여주길 기대하는 태도를 보일 수 있다.

퇴근 전 오후 4시, 5시는 나쁘지 않다. 퇴근을 앞두면 몸은 피곤하지만 퇴근을 앞두고 있어서 감정적으로 조금 풀어지게 된다. 날이 선 태도보다는 조금은 우호적인 태도를 보일 가능성이 높다.

면접 시간대 선택은 말 그대로 일종의 팁이다. 비슷한 능력을 가진 사람들 사이의 경쟁에서 작은 차이를 만들어낼 수 있는 정도일 뿐 능력차를 뒤집는 것은 불가능하다. 능력자들은 이런 시간의 불리함은 충분히 극복 가능할 것이다. 자신에게 유리한 면접 시간대는 일반적인 경우를 상정해서 이야기하는 것이다. 무엇보다도 면접 당사자의 업무 스케줄이나 상황에 따라서 진행하는 것이 중요하다.

태도는 내 면접 점수를 높이는 최고의 수단이다

면접을 진행하는 태도는 당신의 분위기를 만든다. 차분함, 신중함, 개성, 유니크함, 무던함, 번뜩이는 아이디어를 가진 사람 등 다양한 분위기와 이미지를 만들어낸다. 여기서 말하는 태도는 면접관과의 대화에서 나오는 손동작, 아이콘택트, 자세 등 당신의 모든 행동을 의미한다.

면접관들은 면접이 시작된 지 얼마 되지 않아 당신이 어떤 사람일 것이라는 생각을 하게 된다. 이 말의 의미는 당신이 면접 장소에서 앉아 있는 모습, 시선 처리, 이야기하면서 함께 나오는 제스처 등 이런 것들이 당신 내면의 태도와 마음가짐에서 기인한다고 생각하기 때문에 업무나 인성에 대한 대화를 나눠보기 전에 어느 정도 판단을 한다는 뜻이다.

물론 이런 것이 100% 옳다고 할 수는 없지만 실제로 많은 면접관들이 그렇게 이야기하고 있으니 무시할 수는 없는 것이다. 앉아 있는 모습만으로도 그 사람의 많은 것을 판단할 수 있다고 생각하는 면접관이 많다.

안 좋은 습관이라면 잠시 멈춤

교육기업의 콘텐츠 기획 업무를 담당하고 있는 G 대리는 평소에도 시선을 한 곳에 잘 두지 못하고 두리번거리는 습관을 가지고 있었다. 면접을 앞두고 주변 지인들과 연습을 통해 어느 정도 극복을 했다고 생각했지만 면접에서 다소 답변하기 어려운 질문들을 지속적으로 받게 되자 자기도 모르게 평소 습관이 나오게 되었다. 면접관은 자신감이 결여되었다고 판단했고 결국 불합격하게 되었다.

경력직 면접은 신입 면접에 비해 면접 시간이 길고 질문의 양 또한 많다. 답변하는 데에는 생각보다 많은 에너지가 소모되기 때문에 면접을 치르면서 상당한 피곤함을 느낄 수 있다. 이럴 때에도 항상 긍정적이고 반듯한 태도를 유지해야 한다. 지나치게 경직된 태도도 좋지 않지만 너무 풀어진 모습은 더욱 좋지 않다. 면접을 잘 보기 위해서 적당한 긴장감은 상당한 도움이 된다. 적당한 긴장은 실수를 줄여주며 머리 회전이 빨라지면서 적절한 임기응변을 가능하게 만들어준다.

면접 시 '굳이' 후보자가 되지 마라

결정권을 확보하자

헤드헌터 업무를 하다 보면 내가 직접 서류를 심사하는 입장은 아니므로 결과를 확정할 수 없지만 일정 기간 채용 업무를 같이해 온 회사의 경우 대부분 서류 심사 통과 여부는 어느 정도 예측이 가능하다. 처음 채용 의뢰를 받을 때 필요한 조건에 대해 충분히 이야기되어 있기 때문이다.

하지만 면접 결과는 정말 예측하기 힘들다. 변수가 너무 많기 때문이다. 면접 당일의 회사 분위기와 면접관의 성향, 지원자의 컨디션에 따라 좋은 분위기에서 진행될 수도 있고 생각보다 지원자의 답변이 맘에 들지 않아서 일찍 끝나는 경우도 많다. 그리고 무엇보다 지원자와 면접관 사이의 소위 말하는 '코드'가 어느 정도 맞고 호감이 있어야 다음 단계로 넘어갈 수 있다. 신입 채용도 마찬

가지겠지만 경력직의 경우에는 면접 내용에 따라서 합격하더라도 그 회사에 가지 않는 경우도 있다. 물론 확률상으로 보면 면접관의 결정에 따라 결과가 정해지는 경우가 많지만 지원자의 의사도 중요한 부분을 차지하는 쌍방 소통의 과정이 바로 경력직 면접이다.

면접 기회가 있다면 일단 보는 것이 좋다

지원 여부를 고민하거나 이직 자체에 대해 고민하는 직장인들에게 나는 이런 말을 자주 한다. "본인의 이직 의사가 확고하다면 지원하세요. 직접 면접을 통해 그 회사에 재직하는 사람들과 대화를 통해 결정하세요. 여기서 중요한 것은 아직 그 회사는 당신을 채용하겠다는 의사결정을 하지 않은 상태라는 것입니다."

면접은 회사가 당신을 채용할지 여부를 결정하는 과정이지만 반대로 당신이 그 회사에 입사 여부를 판단하는 데 도움이 되는 중요하고 소중한 기회라는 것을 알고 있어야 한다. 면접을 통해 지원 기업의 이미지가 좋아지는 경우도 있고 반대의 경우도 있다.

대부분 사람들은 면접을 가기 전에 다양한 방법을 이용해 그 회사의 평판에 대해 확인한다. 회사의 평점이 좋지 않아서 지원하지 않겠다는 경우도 많다. 물론 그런 자료들의 신빙성에 대해 믿을 만하지 않다고 치부하진 않는다. 대신 커리어를 결정하는 데 중요한 기준으로 삼는 것에는 조금 신중할 필요가 있다고 생각한다.

이렇게 생각하는 가장 큰 이유는 회사에 대한 이야기를 쓴 사람에 대한 정보가 없다는 것이다. 내가 지원할 회사에 믿을 만한 사람이 있어서 그 사람이 오지 말라고 말린다면 그때는 지원하지 않는다고 해도 이해가 되는 부분이다. 하지만 누군지도 모르는 사람이 쓴 글만으로 자신의 커리어에 대한 결정을 내리는 것보다는 직접 자기가 판단해 결정을 내리는 것이 현명하다고 생각한다.

면접관은 대부분 입사하면 자신의 상사들이다. 즐겁고 슬기로운 직장 생활을 영위하는 데 있어서 가장 중요한 사람에 대해 확인할 수 있는 기회가 바로 면접이다. 그러므로 회사의 매출액이나 사업 방향, 성장성과 자신이 하고 싶고 할 수 있는 업무를 지속적으로 할 수 있는지 여부에 대해 어느 정도 긍정적인 평가를 했다면 시간을 내서 지원하고 면접을 봐야 한다. 그래야 내가 원하는 포지션이 맞는지 확인할 수 있다.

회사의 분위기와 문화는 분명히 존재하지만 회사의 모든 구성원들이 다 비이성적이고 비합리적인 사람만 있는 것은 아니다. 사업부, 팀별로 부서장과 팀장의 성향에 따라 부서와 팀의 분위기가 결정된다. 외부에 알려진 전체 회사 분위기로만 판단하지 않길 바란다. 어차피 중요한 것은 내가 일할 조직원과 조직이기 때문이다.

면접관의 태도를 보면 회사가 보인다

지원자가 가지는 회사의 이미지는 대부분 면접관에 의해서 생성된다. 시스템이 잘 갖춰져 있고 직원을 존중하는 문화를 가진 회사의 면접관이라면 지원자를 대할 때에도 예의를 갖추고 단순히 지원자가 아닌 직장인으로서 대우를 해준다. 어떤 면접관을 만나느냐에 따라 가고 싶은 회사가 되기도 하고 가서는 안 될 회사가 되기도 한다.

물류회사의 수출 부문에 근무하는 E씨는 경력 3년 차 주니어다. 뛰어난 외국어 실력을 바탕으로 항상 뷰티 관련 해외 영업 직무에 관심이 있었고 이직을 추진하는 과정에서 나에게 커리어 컨설팅을 신청했다. 컨설팅 이후 A와 B 회사에 최종 합격을 했는데 어디를 결정하는 것이 좋을지 고민하고 있었다. 두 회사는 회사 외형이나 사업 분야도 비슷하고 연봉도 거의 차이가 없었다.

회사에 대해 이런저런 이야기를 하던 중에 A사 면접 과정에 대한 이야기를 듣게 되었다. 면접관으로 세 명이 들어 왔는데 그중에 한 명이 유난히 피곤해 보였는데, 면접 진행 내내 책상에 한 손을 올리고 머리를 받치고 있으면서 간간히 한숨을 쉬고 있었다는 것이다. 나는 E씨에게 B사로 이직해야 한다고 이야기했다.

그런 면접관이 있는 회사로 가는 것은 위험하다. 지원자에 대한 존중이 없는 사람들인데 같이 일하게 된다고 그 면접관이 과연 달라진 모습을 보일까? 아마도 업무하면서도 면접 때와 비슷한 모습을 보일 확률이 매우 높을 것이다. 만약 당신이 면접을 보는데 면접관이 그런 모습을 보였다면 과연 그 회사의 발전 가능성이 보이겠는가?

경력직 면접은 합격시키기 위한 면접이다

경력직 면접은 신입 채용 면접과는 많은 부분에서 다르다. 신입 면접은 일반적으로 경력직 면접보다 경쟁률이 매우 높다. 그러므로 떨어뜨리기 위한 면접이라고 볼 수 있다. 그리고 직무 부문은 정해져 있다고 해도 그 안에서 어떤 세부 업무를 담당하게 될지 결정되어 있지 않은 경우가 대부분이다. 업무 경험이 없기 때문에 잠재력을 보고 판단해야 하므로 업무를 수행하기 위한 기본적인 능력을 확인하기 위한 과정이 신입 면접이다. '앞으로 어떤 사람이 되고 싶은지', '어떤 업무를 하고 싶은지'와 같이 미래의 계획에 대한 질문이 주를 이루게 된다.

반면에 경력직 면접은 이미 다른 회사에서 유사한 업무를 하고 있거나 했던 사람이 지원한다. 그리고 입사하게 되면 담당해야 할 업무가 명확하게 지정되어 있다. 결원으로 인한 채용이라면 나가는 사람의 뒤를 이어 업무 인수인계를 받아야 하고 충원이라 해도 어떤 직무를 맡길 것인지 정해져 있다. 그래서 채용 공고에도 해야 할 자세한 업무와 자격 요건을 기재하는 것이다.

경력직 면접은 철저하게 직무 위주로 진행된다. 지원자의 이력서를 토대로 어떤 업무를 담당했으며 해당 분야에 대한 업무 관련 지식과 스킬을 보유하고 있는지, 업무 범위는 얼마나 되는지 확인하기 위한 질문이 바로 경력직 면접의 핵심이다. 그러므로 경력직 면접에서는 자신이 했던 업무와 알고 있는 것, 잘 알지 못하는 것에 대해 확실하게 구분해서 답변해야 한다. 가장 조심해야 하는 것이 어설프게 아는 척을 하는 것이다. 신입이라면 입사하고 싶은 의지와 열정으로 포장될 수 있지만 경력직에서는 프로답지 않은 모습으로 비칠질 뿐이다.

준비 부족으로 바로 탈락한 K 과장

2차전지와 디스플레이 제조기업의 해외기술영업팀 K 과장은 현재 회사보다 조금 규모가 큰 기업의 해외영업 포지션에 지원해서 1차 면접을 진행하게 되었다. 하필이면 담당 면접관이 몇 년 전에 진행했던 프로젝트에 관심이 많고 비슷한 프로젝트를 해본 사람이었다. 전문적이고 세부적인 내용에 대해 질문이 들어오기 시작했고, 처음에는 어찌어찌 답변을 했지만 질문이 계속될수록 답변하기 어려워져서 나중에는 기억이 잘 나지 않는다는 말까지 하게 되었다.

결과는 역시나 탈락이었다. 만약 K 과장이 면접 전에 직무에 관련된 예상 질문을 생각해서 준비하고 자신이 했던 업무를 확실하게 리마인드하고 갔다면 결과는 달라졌을지 모른다.

경력직 면접은 능동적이고 주체적인 태도가 필요하다

지원자 입장에서 면접에서 얻을 수 있는 가장 베스트 시나리오는 면접관과 해당 포지션과 업무에 대해서 대화를 하는 것이다. 당연히 면접관의 질문에 대해서는 성의껏 답변해야 하지만 질문에 수동적으로 답변하는 모습만을 보여줘서는 안 된다. 답변에 자신의 생각과 의견을 함께 이야기하는 것이 필요하다. 또한 대화가 매끄럽게 이어지려면 단답형으로 답변하는 것은 피해야 한다.

면접은 회사와 내가 이 포지션에 적합한지 여부를 서로 확인하는 과정이라고 생각해야 한다. 면접관과 대화하면서 답변에만 치중하지 말고 이 포지션이 커리어를 개발하는 데 적합한지 스스로 판단할 수 있는 근거를 찾아야 한다. 그래서 면접 도중이나 마무리하는 시점에 궁금한 점이 있거나 하고 싶은 이야기가 있으면 하라고 하는 기회를 잘 활용해야 한다.

어떤 내용에 대해 질문을 하기 위해서는 그 내용에 대해 알고 있어야 가능하다. 전체적인 회사의 비전이나 신사업과 같은 주제보다는 포지션이나 소속될 팀 그리고 업무에 관련된 질문을 해야 한다. 특히 자신이 입사하게 되면 어떤 업무를 주로 담당하게 될 것인지, 업무 범위는 어느 정도인지와 같은 구체적인 질문을 하는 모습을 보여주면 지원자가 회사에 대한 관심도가 높고 입사하려는 의지를 가지고 있다는 긍정적인 이미지를 줄 수 있다.

신제품 기획안으로 면접을 통과한 D 대리

식품제조기업 신선식품 영업팀에 근무하는 D 대리는 6년 차로, 영업 업무는 적성에 잘 맞지만 담당 아이템을 바꿔보고 싶어서 이직을 추진 중이다. 냉동식품을 주력으로 하는 기업의 영업 직무 면접을 진행하게 되면서 지원 회사의 영업 현황과 주력 제품에 대한 철저한 조사를 했다. 면접 끝에 하고 싶은 말이나 질문이 있냐는 말에 자신이 조사한 내용을 바탕으로 현재 영업 방식과 향후 신제품에 대한 자신의 생각과 계획을 이야기했다. 결과적으로 합격했는데 나중에 면접관으로 배석했던 팀장으로부터 마지막에 했던 말이 상당히 인상 깊었다는 이야기를 들었다.

면접은 내가 그 회사에 입사하기 위해 나의 강점과 역량을 보여줘야 하는 과정이기도 하지만 내가 그 회사에 입사해야 하는 이유를 찾는 과정이기도 하다. 채용 기업의 결정도 중요하지만 나의 결정도 중요하다. 면접을 보고 아니다 싶으면 갈 이유가 없다. 면접은 소중한 기회다. 일단 잘 준비하고 제대로 답변해서 채용 기업으로부터 합격 통보를 받고 나서 이직 여부를 결정해도 된다. 선택지가 많다는 것은 행복한 일이다.

연봉 상승 전략을 수립하라

'이직 = 연봉 상승'이 전부는 아니다

직장인의 최대 관심사는 연봉이다. 직장인과 관련해 가장 많이 기사화되는 소재이기도 하며 모든 직장인이 커리어 관리를 하는 궁극적인 목적이라고 생각하는 것이 바로 높은 연봉일 것이다. 회사를 다니면 특별한 경영 악화나 실적 부진 같은 경우를 제외하면 물가상승률을 감안해 어느 정도는 인상되기도 하고 인상을 기대하기도 한다.

이직하려는 가장 주된 이유가 아마도 연봉에 대한 불만족일 것이다. 특히 이직은 연봉을 올릴 중요한 기회이기 때문에 직무 전환, 산업 변화와 같이 특별한 이유가 아닌 이상 연봉이 오르지 않는다면 이직할 이유도 없다고 생각한다. 왜냐하면 이직 후에는 새롭게 배울 것이 많고 적응하는 과정에서 많은 에너지를 소비해야 하기 때문이다.

연봉이 이직할 때 중요한 조건 중의 하나임은 틀림없지만 전부가 될 수는 없다. 물론 사람에 따라서 전부인 경우도 있지만 그런 경우 다른 부분에서 불만을 가지게 되거나 새로 입사한 회사에 적응하지 못해서 조기 퇴사를 하는 경우도 자주 있기 때문에 연봉만 보고 진행하는 이직은 신중하게 접근할 필요가 있다.

내 연봉에 대해 확실하게 파악하기

헤드헌팅 업무를 하면서 현재 연봉에 대해 물어보면 자세하게 이야기하는 사람보다 두루뭉술하게 이야기하는 사람이 많다. 잘 알지 못하는 헤드헌터에게 자신의 연봉에 대해 이야기하는 것을 불편하게 생각해 그럴 수 있다고 생각한다. 하지만 본인도 정확하게 알고 있지 못해서 이야기하지 못하는 경우도 꽤 있다.

의외로 연봉 협상을 할 때 자신의 연봉이 어떻게 구성되어 있는지 정확하게 알고 있는 사람은 생각보다 많지 않다. 원천징수 기준으로 받았던 총금액은 알고 있지만 자신의 기본 연봉이 얼마인지, 상여금은 얼마인지, 수당이 있다면 어떤 명목으로 수당이 지급되는지, 그 외 현금성 복리후생은 어떻게 되는지 몇만 원 이하 단위까지 알고 있지는 못할 수 있다. 하지만 연봉 협상을 하려면 대략적인 자신의 연봉 구조를 파악하는 것은 필요한 일이다.

기업별로 급여와 상여금, 수당의 구조가 다르므로, 지금 내가 받는 연봉이 지원하는 회사의 시스템에 접목했을 때 인정되는 것이 있고 그렇지 않은 항목이 있다. 그래서 내가 어떤 명목으로 얼마만큼의 돈을 받는지 정확하게 알고 있어야 입사하는 회사와 연봉을 협상할 때 손해 보지 않고 원하는 결과를 이끌어낼 수 있다.

최소한 기본급, 인센티브(성과, 고정), 그 외 현금성 복지 항목에 대해서는 평소에 알고 있는 것이 필요하다. 열심히 일하는데 내가 어떤 항목으로 얼마를 받고 있는지 잘 모른다면 혹여 손해 볼 수도 있기 때문에 그러한 가능성을 없애려는 노력이 필요하다. 그렇게 해야 제대로 연봉 협상을 할 수 있는 기본 조건이 충족되었다고 볼 수 있다.

기업별 연봉 협상 유형

기업마다 경력직의 연봉 협상에 대응하는 방식이 다르다. 우선 대기업은 자신들의 연봉 테이블이 정해져 있다. 팀장급이나 임원급의 경우에는 후보자가 원하는 수준으로 맞춰줄 수도 있지만, 일반 사원에서부터 과장급까지는 인정되는 경력 연수에 따라 지급되는 연봉이 정해져 있다. 당연히 인센티브는 실적에 따라 차등 지급되지만 기본적으로 지급되는 금액은 정해져 있다고 보는 것이 맞다. 그러므로 솔직히 연봉 협상이라고 할 만한 과정이 진행되는 경우는 거의 없다. 회사 측에서 통보하고 지원자가 받아들일지 말지를 결정하는 구조라고 보면 된다. 그러므로 인디스트리가 바뀐

다거나 중소기업에서 이직하는 경우가 아니라면 큰 폭의 연봉 상승은 기대하기 어렵다. 기본적으로 경력에 따라 성과급을 제외하면 큰 차이가 없기 때문이다. 그러므로 자신의 경력 연수를 얼마나 인정받느냐가 연봉을 결정하는 중요한 요인이 된다.

중소기업이나 스타트업은 대기업보다 확실히 경력직에 대해 연봉 협상을 진행하는 경우가 대부분이다. 우선 능력 있는 인재를 뽑기부터 쉽지 않은 일이기 때문에 지원자가 맘에 든다면 연봉 협상을 통해 지원자의 니즈를 충족시키려는 생각을 가지고 있다.

하지만 이 경우에도 어느 정도 한계는 존재하기 마련이다. 아무리 그 사람이 맘에 든다고 하지만 팀장보다 많이 주기는 어렵고 기업의 특성상 다른 사람보다 특별하게 많은 연봉을 지급하기도 쉽지 않다. 하지만 경영진이나 대표이사가 그 사람을 채용하고자 하는 확실한 의사가 있다면 연봉 협상을 통해 상당한 수준의 인상이 가능할 수 있다. 주변에서 연봉이 대폭 올라서 이직하는 경우가 대부분 이런 경우다.

리스크를 감수하고 성장 가능성을 얻은 Q씨

유명 뷰티 대기업 마케팅 파트장으로 근무하는 10년 차 Q씨는 얼마 전에 성장 가능성이 있다고 생각하는 스타트업의 마케팅 팀장 포지션을 제의받았다. 지금 다니고 있는 직장도 만족하지만 일이 많고 안정성 측면에서 다소 부족하지만 큰 폭의 연봉 상승을 조건으로 이직을 추진했다. 결과적으로 대표이사와 면접까지 합격해서 연봉 협상을 시작했다. 채용한 스타트업 입장에서는 앞으로 급격한 성장을 추진해야 하는 입장이라 Q씨의 대기업 근무 역량을 높이 평가했다. 게다가 입사에 적극적인 태도를 보여준 Q씨를 꼭 잡고 싶어 했다. 결국 스톡옵션과 현재 연봉에서 25% 인상된 조건에 합의했고 현재 스타트업에서 근무하고 있다.

이처럼 대폭적인 연봉 인상은 조금 특별한 경우에 한정되는 것이 현실이다. 누구나 높은 인상률을 생각하지만 실제로 그렇게 되는 경우에는 자신이 현재 누리고 있는 부분을 포기하고 리스크를 감수하는 이직에서나 가능하다. 가장 대표적인 경우가 Q씨처럼 대기업 과장급이 스타트업으로 이직하는 경우다.

연봉 협상은 기본급을 높이는 방향으로

유명 프로선수들, 그중에서도 야구선수들의 연봉 관련 기사를 보면 이런 단어들이 자주 등장한다. "○○구단 김○○ 선수는 보장 금액 ○○에 옵션 ○○, 총액 ○○로 계약했다." 말 그대로 보장 금액은 그 선수의 성적과 관련 없이 구단에서 일정 기간 동안 지급하는 금액이고 옵션은 선수의 성적이 충족되었을 때에만 지급하는 금액이다. 선수는 최대한 보장 금액을 늘리려고 하고 기업은 위험 부담을 줄이기 위해 옵션 금액을 늘리길 원한다.

직장인의 연봉도 이와 비슷한 부분이 있다. 연봉 협상을 하는 경우 대부분 그 사람의 기본 연봉은 건드리려 하지 않는다. 인센티브는 성과에 따라 지급하기 때문에 인정하지 않는 경우도 있지만 연봉계약서상의 기본 연봉은 그 사람이 일하는데 최소한의 보장 금액이라는 생각을 하기 때문이다. 만약 어떤 기업에서 지원자에게 현재 받고 있는 기본 연봉보다 낮은 금액을 제시하려 한다면 솔직히 '와도 그만, 안 와도 그만'이라는 생각이 있어서다. '너 아니라도 올 사람이 있다'는 의미로 해석될 수도 있다. 그러므로 이직할 때 연봉은 가능한 기본급을 높이는 방향으로 협상을 진행하는 것이 유리하다.

이직 후 일정 기간 동안은 새로운 회사에 적응하느라 생각보다 성과를 내기 어렵다. 그렇기 때문에 최대한 내가 받을 수 있는 보장 금액을 높게 해야 안정감을 가지고 근무할 수 있을 것이다. 여기서 말하는 기본급에는 고정적으로 받는 상여금, 일명 명절에 지급되는 떡값도 포함된다. 그 외 포인트로 지급되는 현금성 복지나 식대, 자기 계발비도 포함된다고 봐도 무방하다. 즉 정해진 시기에 성과와 무관하게 지급되는 금액을 통칭한다.

이직을 준비할 때 그 회사의 복지 혜택에 대해 관심을 많이 갖는 사람들이 있다. 연봉 이외에 추가로 회사에서 지원받는 항목에 어떤 것들이 있는지 궁금해하는데, 나는 복지 혜택이 많은 회사보다 연봉이 높은 회사가 더 좋다고 생각한다. 복지 혜택도 빵빵하고 급여도 높은 회사라면 더할 나위 없이 좋겠지만, 현실적으로 생각해보면 회사가 정한 복리후생보다는 급여를 받아서 내가 하고 싶은 것을 하는 것이 훨씬 좋은 게 아닐까 싶다. 그러므로 이직할 회사를 선택할 때에는 회사가 제공하는 복지 혜택에는 어떤 것이 있는지 고민하기보다는 기본급을 높이는 방향으로 회사를 선택하는 것이 유리할 것이다.

연봉의 속살을 들여다보자

외국계 중견 전자 부품회사에 다니는 C 과장은 이직을 준비해 두 곳에서 최종 오퍼를 받게 되었다. A사는 연봉이 6,000만 원, B사는 6,200만 원이다. 둘 다 성과급은 제외고 작년에 비슷한 수준이었다고 한다. 두 회사 모두 특별한 복지 혜택을 가지고 있지는 않다. 일반적인 기업이 제공하는 건강검진, 콘도 사용, 생일날 쿠폰 지급 정도다.

당연히 B사를 선택하는 것이 유리하다고 생각하지만 내역을 잘 살펴봐야 한다. B사는 식대가 지원되지 않으며 제시한 금액에 자기 계발비와 자녀수당, 통신비가 포함되어 있다. 이것을 금액으로 보면 대략 연간 450만 원이다. B사의 실질 연봉은 5,750만 원인 셈이다. A사는 동일한 항목을 지원하는데 연봉에 포함하지 않았기 때문에 실질적으로는 A사의 연봉이 더 경쟁력을 갖게 되는 것이다.

더불어 기억할 점은 복지 혜택은 변동의 가능성이 존재한다는 것이다. 물론 기본급도 변동될 가능성이 없는 것은 아니지만 기본급이 삭감될 정도라면 그 회사는 위험하다고 봐도 될 것이다. 입사할 때에는 분명히 있던 혜택이 근무하다가 없어질 수도 있다. 따라서 복지보다는 기본급이 훨씬 안정적인 나의 수입원이 되기 때문에 기본급 위주로 회사를 선택하는 전략이 필요하다. 결국 연봉 측면만을 고려한다면 당연하게도 A사를 선택하는 것이 유리하다.

경력별
이직 전략

이직 전략이 필요하다

성공적인 이직을 하기 위해서는 자신의 상황과 경력에 맞는 전략을 세우는 것이 매우 중요하다. 전쟁에서 승리하기 위해 첫 번째로 해야 하는 일이 전체적인 판세를 읽고 자신의 상황에 적합한 전략을 수립하는 것이다. 승리하기 위한 전략이 제대로 수립되어야 개별 상황에 적합한 전술도 구사할 수 있기 때문이다.

이직 역시 다수의 잠재적인 경쟁자들이 존재하기 때문에 자신에게 적합한 전략을 선택하는 것의 중요성은 아무리 강조해도 지나치지 않는다.

현재 이직 시장의 키워드는 '가성비'

현재 채용 시장은 회사가 교육하고 업무 경험을 쌓게 해줘야 하는 신입 사원보다 비록 채용하는 데 비용이 소요되고 연봉을 더 주더라도 바로 현업에 투입할 수 있는 경력직을 선호한다. 그리고 연차가 높은 사람들은 퇴직 위로금을 많이 주더라도 내보내는 방향으로 흘러가고 있다. 이런 채용 환경의 변화를 인지하는 것은 무엇보다 중요하다. 이직 시장에 대한 전체적인 변화를 알지 못하면 내가 원하는 성공적인 이직을 하기 어려워지기 때문이다.

일반적으로 대학을 졸업하고 회사에 입사하는 시점은 대략 20대 후반이다. 회사의 직위는 대부분 '4, 4, 4'로 구분되는 경우가 많다. 사원 4년, 대리 4년, 과장 4년, 그 이상은 성과에 따라 상당히 유동적으로 결정된다.

이런 조직 구조에서 이직 시장에서 기업이 가장 선호하는 사람들은 대리부터 과장급 사이인 30대 직장인들이다. 소위 말해 회사의 허리가 되는 사람들이며 연봉에 비해 업무 능력과 성과를 내는 사람들이다. 그러므로 이직하는 것도 다른 연령대와 직급에 비해서는 유리한 입장이다.

20대와 40대는 안타깝게도 선호하는 연령대는 아니다. 20대는 직무 경험과 업무 역량이 부족하다고 생각하고 40대 이상은 업무 능력에 비해 연봉이 높다고 생각하기 때문이다. 부장급 한 명의 연봉이면 한창 일하는 대리급 세 명을 채용할 수 있다고 이야기하는 상황이다. 기업이 가성비를 최우선으로 고려하기 시작하는 이직 시장의 변화가 온 만큼 경력별로 이직에 대한 전략도 달라야 한다.

이직할 때 나이는 생각보다 중요한 요소다. 아무리 성과 위주로 직위와 직책이 결정된다 하더라도 자신의 나이에 맞는 이직 전략을 수립하는 것이 성공적인 이직의 첫걸음이다.

20대 사원급이라면 최소 대리는 달고 나와라

당신이 현재 사원급이라면 본격적으로 이직 시장에 뛰어들지에 대해 신중하게 결정해야 한다. 말 그대로 경력직으로 이직하기 위해서는 최소한의 경력이 필요하다. 일반적으로 어떤 직무에 대해 제대로 수행할 수 있는 기본 바탕이 되려면 3년 정도는 필요하다고 생각한다. 그러므로 아직 경력이 부족하다면 지금 재직 중인 회사에서 업무 역량을 키우는 것이 무엇보다 중요하다.

그런 다음 기업들이 가장 선호하는 대리급 이상이 되었을 때 이직하는 것이 좋다. 특히 대기업에 재직 중이라면 가능한 3년 이상 최소 대리 직함은 달고 나와야 이직 시장에서 제대로 평가를 받을 수 있다. 그리고 그 기간에 배우는 업무 관련 지식과 스킬 그리고 조직 생활에 대한 경험, 다양한 사람들과의 협업 경험은 다른 곳에서 배우기 힘든 것이므로 현 재직 회사에서 업무에 집중하는 전략이 필요하다.

국내 IT 기업의 개발팀으로 입사한 R씨는 잦은 야근과 높은 업무 강도 때문에 입사한 지 1년 만에 다른 IT 기업의 영업 부문으로 이직했다. 개발 업무가 적성에 맞지 않는다고 생각해서 한 이직이라 열심히 근무했고 나름의 성과도 있었다. 그러던 중 IT 스타트업의 이직 제안을 받아서 입사한 지 1년 6개월 만에 다시 이직했다. 그런데 입사한 스타트업이 예정되었던 투자가 진행되지 않으면서 6개월 만에 다시 나가야 할 상황이 되었다. 경력 3년에 회사 세 곳을 경험한 R씨의 경력에 기업들은 관심을 갖지 않았다. 결국 구직 활동 6개월간 소득 없이 지내다가 다시 신입으로 개발 직군에 입사했다. 그나마 수요가 많은 직군이라 다행이지 일반 업무였으면 재취업하는 데 상당한 어려움을 겪었을 것이다. 1~3년 차를 어떻게 보내느냐가 향후 10~20년의 커리어에 큰 영향을 미친다는 것을 잊지 말아야 한다.

새로운 길을 찾아서 이직하고 싶다면 지금이 기회일 수 있다. 중소기업이나 중견기업을 다니는 사람도 자신의 직무 경험을 바탕으로 신입 사원으로 대기업에 입사하는 것도 좋은 방법이다. 비록 경력을 인정받지 못하지만 합격한다면 좋은 위치에서 커리어를 시작할 수 있기 때문이다. 조금 돌아가지만 장기적인 측면에서 생각해보면 확실하고 안정적인 방법이다.

국내 인서울 중위권 대학을 졸업한 H씨는 의류 중견기업의 해외 영업팀에 신입으로 입사했다. 일본어 구사 능력이 좋아서 일본 바이어를 담당하게 되었는데 근무할수록 회사의 성장 가능성이 높지 않다는 생각이 들었고 의류 벤더 기업의 업무 특성상 다른 산업으로 이직이 쉽지 않다고 생각해서 입사한 지 2년이 지나고 이직

활동을 시작했다. 처음에는 경력직으로 지원했으나 대부분의 채용 공고가 최소 3년 이상의 경력을 요구했기에 이직에 성공하지 못했다. 그러던 중 방향을 바꿔 직장 재직 경험을 살려 신입 사원으로 지원하기 시작했다. 결과적으로 외국계 석유화학 기업의 신입 사원에 지원해서 합격하게 되었다. 평소 관심 있는 산업 분야인 데다가 연봉도 소폭 상승하게 되어 만족하면서 회사에 다니고 있다.

30대 대리와 과장급이라면 공격적으로 베팅하라

30대 대리~과장급은 이직 시장에서 대다수의 기업들이 선호하는 나이와 직위다. 아마도 채용 공고의 대부분이 이 정도 경력을 가진 사람들을 채용한다는 내용일 것이다. 자신의 핵심역량과 업무 스킬을 바탕으로 이직하는 데 큰 어려움이 없는 시기라고 볼 수 있다. 힘들었던 사원급 시간 동안 착실하게 역량을 쌓았다면 이제는 그것을 바탕으로 좀 더 좋은 조건으로 이직할 수 있는 시기다.

이 시기에는 이직 전략을 조금은 공격적으로 세워도 나쁘지 않다. 성장 가능성이 높은 기업으로 얼마간의 리스크는 감수하더라도 도전해볼 만한 가치는 충분히 있다. 만약에 잘못된다 하더라도 다시 재취업하는 것이 그렇게 어렵지 않기 때문이다.

내가 아는 8년 6개월 경력의 중견기업의 인사 담당자는 퇴사하고 9개월 만에 다시 회사에 입사했다. 갈 곳이 없어서 9개월이 걸린 것이 아니라 고르다 보니 그렇게 시간이 흐른 것이다. 연봉도 기존 연봉에 준하는 수준에서 제시받았고 본인이 원하는 제조업 베이스의 기업으로 이직했다. 물론 이 사람의 경력이 나쁜 편은 아니었지만 그렇다고 누구나가 원할 만큼의 스펙과 재직 경험이 있는 것은 아니었다.

이 시기에서는 40대 이후를 대비하는 전략에 대한 준비도 필요하다. 40대 이후 안정적인 경제활동을 길게 가져가는 것을 최우선으로 추구한다면 한창 주가가 높은 이 시기에 오래 근무할 수 있는 기업으로 이직을 추진하는 것이 현명하다. 그 과정에서 다소 연봉이나 처우 부문이 손해 볼 수 있지만 감수해야 한다. 오래 근무할 수 있고 돈 많이 주고 일이 적은 회사는 없으니까.

외국계기업의 회계팀에서 근무하는 E 과장은 현재 상황에 만족하고 있지만 지금보다 조금 더 안정적인 기업으로 가고 싶어 했다. 그러던 중 한 공기업의 해외 지사 관련 회계 직무 채용 공고를 보고 지원했다. 세 차례의 면접 끝에 최종 합격하게 되었다. 회사의 필수 조건인 영어 구사 능력이 뛰어나고 AICPA(미국공인회계사) 자격증도 가지고 있었기 때문이다. 비록 근무지도 멀어서 이사를 가야 했고 현재 연봉보다 높지 않지만 안정적으로 오래 근무가 가능하다는 장점 때문에 이직을 결정했다.

대리~과장급은 이직 시장에서 전성기에 해당한다고 볼 수 있다. 물론 그럭저럭 회사를 다녔던 사람들이 아니라 지금까지 업무 역량을 키우고 성과를 제대로 만들어내는 사람에게만 해당되는 이야기다. 앞으로 성공을 위해 리스크를 감수할 수 있는 시기이므로 로켓에 탑승할 기회가 있다면 과감하게 도전해도 좋다.

대기업 카드사에서 브랜드 기획 업무를 담당했던 Y 대리는 재직 중에도 본인 업무에 대해 파고드는 성격으로 소문이 나 있었다. 담당 업무에 대해서는 그 누구보다 잘 알고 있으며 열정적으로 일하는 사람이었다. 그때 한 스타트업에서 제안을 받았다. 금융 관련 스타트업인 데다가 알아보니 충분히 성장 가능성이 있다고 생각되고 새롭게 회사를 키운다는 생각에 안정적인 대기업에서 과감하게 이직했다. 사람들은 말렸지만 Y 대리는 성공할 수 있다는 확신을 가지고 있었다. 현재 그 스타트업은 우리가 잘 알고 있는 T 기업이다.

40대 차장급 이상이라면 눈높이를 낮추어라

40대 차장 이상급은 이직 시장에서 안타깝지만 약자에 해당한다. 물론 아직도 많은 40대 직장인들이 중요한 자리에서 일하고 있는 것은 사실이다. 다만 이직 시장 측면에서 보자면 그렇다는 말이다. 아마도 많은 사람이 40대 이상의 직장인은 이직하기 어렵다고 생각하고 있지만 실제로는 그보다 훨씬 어려운 상황이다. 회사 오래 다니는 사람이 진정한 승자라는 말이 괜히 나온 말이 아니다. 과거에는 대기업에서 퇴사한 사람이 중소기업의 임원이나 팀장으로 이직하는 경우가 많았으나 최근에는 이마저도 쉽지 않은 상황이다.

헤드헌팅 업무를 하면서 받는 채용 의뢰를 보면 팀장이라고 해도 40대 중반을 넘어가는 나이를 원하지 않는 경우가 대부분이다. 임원급을 채용하는 데에도 45세 이하를 원하기도 한다.

이 시기에 속하는 사람, 특히 그중에서도 40대 중반 이후라면 이직해서 새로운 회사에서 일하기보다는 지금 다니는 회사에서 오래 버틸 방법을 모색하는 것이 우선이다. 자신에게 우호적인 사람들을 만들고 인적 네트워크를 통해 조직 내 기반을 만드는 것이 필요하다. 그래야 회사 생활을 유지하는 데 필요한 정보를 얻을 수 있다. '여기 아니면 갈 곳이 없겠냐'라고 생각해서 순간적인 감정으로 퇴사한 사람들은 가뜩이나 어려운 이직 시장에서 생각보다 훨씬 긴 구직 기간을 가져야 할지 모른다.

국내 유통 대기업에서 가맹점 관리 부문 부장으로 근무하고 있던 K씨는 40대 중반이다. 회사로부터 원가절감과 실적 압박에 대해 상당한 스트레스를 받고 있었다. 이런 차에 아는 헤드헌터로부터 스타트업의 본부장 포지션을 제안받게 되었다. 여기서 고생하느니 직급도 올라가고 연봉도 맞춰준다 해서 바로 이직을 결정하게 되었다.

이직 후 출근해보니 생각했던 모습과 많이 달랐다. 대표는 비즈니스의 성장보다는 단기 이익에 집중하고 있었고 K씨는 바로 가시적인 성과를 내야 한다는 압박에 시달리게 되었다. 업무 진행 방식도 기존 대기업과 많이 달랐으며 팀원들도 자기 생각만큼 움직여주지 않았다. 결국 6개월 만에 퇴사하게 되었고 새로운 직장을 다시 잡는 데 1년 걸렸다. 그것도 작은 중소기업의 부장 자리였다.

이런 경우에는 기존 회사에서 힘들더라도 버티는 것이 커리어 측면에서도 경제적인 측면에서도 훨씬 도움이 되었을 것이다. 물론 버티는 것 자체가 힘들다는 것은 누구나 알고 있다. 하지만 회사를 그만두더라도 순간적인 감정 때문에 급하게 결정한다면 분명 후회하는 일이 생기게 된다.

특화된 전문 역량이 있다면 도전해보라

만약 당신의 핵심역량이 기술이나 개발 부문에 특화되어 있다면 자신의 기술 역량을 살려서 스타트업 창업 멤버로서 참여하거나 관련 부문 담당으로 이직하는 것도 좋은 방법이다.

식품 관련 대기업의 포장개발팀에 근무하는 S 차장은 다양한 포장 관련 자재 중에 특히 복합필름에 대해 상당한 수준의 전문성을 보유하고 있었기 때문에 회사 내에서도 핵심 인재로 평가받고 있었다. 하지만 평소 잘 알고 지내던 2년 선배가 권고사직으로 회사를 그만두는 것을 보고 자신의 미래에 대해서 고민하기 시작했다.

그러던 중 과거 같이 일했던 선배가 일하고 있는 건강기능식품 전문 신생기업의 포장 관련 업무 총괄팀장 자리를 제안받았다. 선배로부터 회사의 규모와 실적 관련 정보를 알아본 다음 충분히 성장 가능성이 있다고 판단해 이직을 결심했다. 이직한 지 5년이 지난 지금도 그 회사는 지속적으로 성장하고 있으며 S 차장은 현재 부장을 거쳐 구매 부문 총괄 이사로 재직 중이다.

업무 성과와 상관없이 버티는 것만으로 안정성이 보장되는 회사와 자리는 이제 찾아보기 힘들다. 내 능력과 성과를 바탕으로 안정적인 경제활동을 할 수 있는 자리를 찾아야 한다. 그 자리는 현재 자신의 상황에 따라 지금 회사일 수도 있고 다른 회사일 수도 있다.

현명한 퇴직 방법, 퇴사 절차

회사와 아름다운 이별은 필수 조건

이직 과정을 진행하면서 최종적으로 채용 기업에서 제시하는 오퍼를 확인하고 수용 의사를 보내면 이직 절차는 거의 마무리된다. 이제 지금 다니는 회사에 퇴사할 것이라 말해야 하는데, 중요한 것은 채용 기업으로부터 공식적인 오퍼 레터를 받은 다음 현재 회사에 퇴사 통보를 해야 한다. 최종 면접에 합격했더라도 변수는 존재하기 때문이다. 외국계의 경우 글로벌 본사에서 해당 포지션의 승인을 연기하기도 하고, 투자자들이 반대의견을 낼 수도 있기 때문이다.

예전에 국내 교육기업의 인사총괄 포지션 헤드헌팅을 진행했는데, 추천한 후보자가 대표 면접까지 합격했다. 그러나 주요 투자기업 중 한 곳에서 굳이 그 포지션을 채용해야 하는지에 대해 부정적인 의견을 제시했고 그들의 의견을 무시할 수 없었던 채용 기업은 그 후보자의 채용을 취소했다. 물론 미리 그 후보자에게도 최종 오퍼를 받고 승인하기 전에 퇴사 의사를 밝히지 말 것을 이야기했기 때문에 다행히 문제가 발생하진 않았다.

최종적으로 채용 기업과 연봉 협상까지 마무리하고 나면 남은 것은 입사 일자를 조율하는 것이다. 대부분의 채용 기업은 인력이 필요해서 사람을 뽑았기 때문에 되도록 빨리 입사하는 것을 원한다. 하지만 현재 재직자라면 인수인계를 해야 하므로 어느 정도 기간이 필요할 수밖에 없다. 일반적으로 4주 정도의 기간을 두지만 회사와 지원자의 상황에 따라 조정은 가능하다.

적절한 퇴사 통보 방법

입사 일자를 정하기 위해서는 현재 회사에 퇴사 통보를 해야 한다. 퇴사 통보는 직속 팀장에게 구두로 이야기하고 그 내용을 이메일로 보내서 기록을 남기는 것이 좋다. 그리고 퇴사 일자는 퇴직금이나 연차수당과 같이 금전적인 문제도 걸려 있기 때문에 반드시 문서로 작성해서 진행해야 한다. 퇴사 의사를 밝히게 되면 회사 인사팀과 면담을 진행한다. 대기업의 경우 퇴사자도 많고 새로 입사하는 사람도 많기 때문에 정해진 절차에 의해 큰 문제없이 퇴사가 결정된다. 스타트업이나 중소기업의 경우에는 당장 일할 사람이 빠져나간다면 업무 공백이 생길 수 있으므로 카운터 오퍼(Counter

Offer: 퇴직 의사를 밝힌 직원을 붙잡기 위한 수당)를 제시하거나 인수인계 받을 사람이 뽑힐 때까지 근무해줄 것을 요청하기도 한다. 이때 재직 회사에 대한 예우 차원에서 어느 정도 배려하는 것은 필요하지만 새로 입사하는 회사와 정해놓은 일정을 변경해서는 안 된다. 내가 앞으로 근무할 회사 입장에서 생각하는 것이 맞다.

퇴사 통보는 반드시 한 달 전에 해야 하는가?

회사 입장에서 퇴사자가 발생하게 되면 그 업무를 대체할 사람을 새로 뽑거나 현재 근무하는 사람 중에서 업무를 인수받을 사람을 결정해야 한다. 그러므로 퇴사하는 사람은 퇴사할 때까지 업무 공백이 생기지 않도록 해야 하며 퇴사 이후에도 후임이 그 업무를 처리하는 데 무리가 없도록 인수인계를 철저히 하는 것이 중요하다. 일반적으로 그 기간은 대략 한 달 정도로 보는 것이 적당하다.

이 '한 달'이라는 기간은 반드시 지켜야 하는 것은 아니다. 퇴사하는 사람의 직무와 회사의 규모, 산업군에 따라 약간은 다를 수 있다. 그리고 만약 내가 새로 입사할 회사에서 가능하면 빨리 출근할 것을 요청하면 조금 당길 수도 있는 부분이다. 최대한 깔끔하게 마무리하는 것이 중요 포인트다.

만약 재직 회사에서 4주 이상 근무할 것을 요청해서 새로 입사하는 회사의 입사 일정을 맞출 수 없다면 더 이상 끌려다녀서는 안 된다. 스타트업 인사팀에 근무하는 Y 대리는 안정적인 기업으로 이직하기 위해 중견장비 제조기업의 HRM 포지션에 지원해 최종 합격했다. 연봉도 희망 연봉에 근접하게 제시받았기 때문에 입사 일정 조율만 남겨놓은 상태였다. 채용 기업에서는 결원에 의한 채용이기 때문에 4주 이내에 입사하길 희망했다. Y 대리도 그 정도면 가능하다 생각해서 입사 예정일을 결정했다. 그다음 재직 회사에 4주 후에 퇴사하겠다는 의사를 전달했다.

현재 재직 회사의 팀장은 Y 대리의 친한 학교 선배였는데 "네가 이직하는 것을 말릴 수는 없지만 일이 너무 많으니 새로운 사람 뽑을 때까지만 있어달라"라고 Y 대리에게 부탁했다. Y 대리는 가능한 4주 이내에 뽑아달라고 이야기했는데, 팀장은 어떻게 그 기간 안에 사람을 뽑을 수 있냐고 2주만 더 시간을 달라고 했다. Y 대리는 새로 입사할 회사에 입사 일정을 2주만 연기해달라고 요청했다.

문제는 연기해달라고 요청하면서 그 이유가 현재 회사에 일할 사람이 없다고 이야기한 것이다. 입장을 바꿔서 생각해보면 새로 입사할 회사도 일할 사람이 없어서 사람을 뽑는 것인데 지금 다니는 회사 때문에 입사일을 연기하겠다고 말하는 사람을 누가 좋아하겠는가? 입사하기 전부터 해당 팀장에게 제대로 찍힌 것이다. 결국 입사는 했지만 새로운 회사에서 적응하는 데 실패하고 3개월 만에 다른 스타트업으로 이직했다.

하기 싫은 인수인계, 역지사지를 생각하라

퇴사하는 사람들 중에서 가장 부정적이고 좋지 않은 평가를 받는 사람이 바로 인수인계를 제대로 하지 않는 사람이다. 어떤 사람이 퇴사하게 되면 당연히 그 사람이 하던 업무를 누군가는 받아야 한다. 같은 회사에서 조직개편에 따라 팀을 옮기는 경우에도 제대로 인수인계서를 작성하지 않는다면 비난을 받을 텐데 퇴사하는 사람이 그런 행동을 하면 그것은 더할 나위 없이 최악의 평판을 만들어내는 행위다. 그나마 전임자가 같은 회사 내에 있다면 모르는 업무 내용을 물어볼 수라도 있어서 다행이지만 퇴사한 사람에게는 물어보는 것도 어렵다.

솔직히 퇴사하는 입장에서 인수인계 작업에 많은 노력과 에너지를 쏟고 싶지는 않을 것이다. 어차피 떠날 회사고 게다가 팀장이나 사람들도 맘에 들지 않았다면 더욱 그러할 것이다. 하지만 나 역시 다른 회사에 가면 어떤 전임자를 만나느냐에 따라 고생문이 열리기도 하고, 소프트 랜딩(Soft Landing)을 해서 새로운 직장에 성공적으로 안착할 수도 있다. 그리고 만약 당신이 인수인계를 제대로 하기 위해 야근도 마다하지 않는 모습을 보여준다면 당신에 대한 긍정적이고 우호적인 평판을 만들 수 있을 것이다.

의외의 상황에서 자신의 과거가 드러난다

식품 관련 대기업의 영업관리팀에서 근무하는 K 과장은 평소

가고 싶었던 온라인 기반의 식품 서비스 스타트업으로 이직에 성공했다. 직급과 연봉 모두 상승했기 때문에 이직에 대해 매우 만족스러운 결과를 얻게 되었다. 다만 새로 입사하는 회사에서 원하는 출근 일자까지 남은 기간이 길지 않아서 인수인계할 시간이 많지 않았다. K 과장은 퇴사일까지 바쁘다는 핑계로 인수인계를 적당히 하는 태도를 보였다. 속으로 '어차피 떠날 회사인데 내가 뭐 굳이 이렇게 힘들게 야근까지 할 필요가 있나'라고 생각했다.

결국 대충대충 업무하는 척하면서 시간은 흘렀고 K 과장은 제대로 인수인계도 하지 않고 퇴사했다. 그로 인해 남은 팀원들이 엄청 고생했고 당연히 K 과장에게 좋지 않은 감정을 가질 수밖에 없었다. 얼마 뒤에 K 과장이 근무했던 회사에 있던 사람이 같은 회사로 오면서 이런 내용이 회사에 알려져서 K 과장은 큰 곤욕을 치르게 되었다.

5장

헤드헌터 사용설명서

헤드헌터를 이직 파트너로 활용하라

헤드헌터는 이직의 대나무숲이다

직장인에게 이직은 최대의 관심사 중 하나다. 지금도 많은 사람이 이직 과정을 밟고 있으며 앞으로 이직하기 위해 준비하는 사람도 많다.

이직의 방식은 크게 채용 공고를 보고 직접 지원하는 방식, 지인의 추천이나 소개로 진행하는 방식 그리고 헤드헌터를 통해 기업에 지원하는 방식으로 구분할 수 있다. 비록 요즘 사내추천제도를 채택하고 있는 기업이 많아지고 있지만 다른 두 방식에 비해서 차지하는 비율은 적은 편이다. 헤드헌터와 같은 일을 하는 사람을 '사내 리크루터'라는 이름으로 채용해서 인재를 채용하려는 기업도 많아지고 있다.

이직은 다른 사람들에게 공공연히 이야기할 수 있는 주제가 아니다. 괜히 말을 꺼냈다가 현재 재직하고 있는 회사의 누군가가 알게 되면 그것만큼 곤란한 일이 없을 것이다. 그러므로 정말 친하거나 업무상 관련이 없는 사람을 제외하고는, 이직에 대한 실제적인 고민을 나눌 사람이 없어 답답할 수 있다.

그때 가장 도움이 되는 사람이 바로 헤드헌터다. 지극히 개인적인 사실을 제외하고, 헤드헌터에게 업무나 연봉 등 이직 관련 사항에 대해 편하게 나눌 수 있어서 소위 '이직의 대나무숲'이라 할 수 있다. 힘들고 어려운 이직 과정에서 나의 편에 서서 같이 이직을 준비하고 실행하는 조력자가 바로 헤드헌터다. 그러므로 이직의 파트너라고 생각해도 된다.

이직 희망자와 헤드헌터는 서로에게 필요한 존재

이직은 직장인에게 정말 중요한 사안이다. 제대로 이직한다면 커리어를 개발하고 연봉이나 경제활동 시간을 늘려줄 수 있지만 잘못된 이직은 본인의 커리어를 망가뜨리고 채용 시장에서 제대로 된 대접을 받지 못하는 경우가 발생한다. 그러므로 신중하게 결정해야 하는데, 그때 이직 희망자를 도와줄 수 있는 사람이 바로 헤드헌터다. 내 경력에 적합한 채용 포지션을 제안해주고 실제 지원하는 데도 도움을 준다. 또한 면접 일정 조율부터 연봉 협상까지 모든 과정을 내 편에서 성공적인 이직을 할 수 있도록 도와준다.

헤드헌터는 서치펌에 소속되어 기업의 채용 의뢰를 받아서 적합한 사람을 추천해 입사시키는 일을 한다. 헤드헌터는 일반적으로 추천한 후보자가 합격한 다음 입사까지 진행되어야 입사자의 연봉에 따른 수수료를 받는다. 그렇기에 헤드헌터를 통해 지원자를 받는 것은 기업 입장에서는 상당한 금액을 채용 과정에 사용해서라도 자신의 기업에 가장 잘 맞는 사람을 찾고 싶다는 의미이기도 하다.

이러한 구조이기 때문에 이직 희망자와 헤드헌터, 헤드헌터와 기업은 서로 긴밀하게 도움을 주고받는다. 물론 일부 헤드헌터는 수수료를 받기 위해 지원자의 커리어 측면을 무시하고 이직 자체에 초점을 맞춰서 이직할 것을 종용하기도 하지만 대부분의 정상적인 헤드헌터라면 그렇게 행동하지 않는다.

나는 헤드헌터라는 업무를 하면서 나름 나만의 지켜야 할 철칙을 가지고 있다. 내가 누군가에게 제안하는 포지션은 정말 그 사람의 커리어와 상황에 적합하다고 생각이 들어야만 제안한다. 그리고 내가 알고 있는 범위 내에서 후보자에게 일부러 이야기하지 않거나 거짓을 이야기하지 않는다.

알고 지내는 헤드헌터는 이직할 때 중요한 자산이 된다

만약 당신이 이직해야겠다고 마음먹었다면 우선 연락처를 가지고 있는 헤드헌터와 연락하는 것부터 시작해야 한다. 이직에 대해 다른 사람들에게 소문낼 이유는 없지만 헤드헌터들에게는 이야기하는 것이 좋다.

헤드헌터로부터 제안을 받았거나 그들과 함께 이직을 진행해 본 경험이 있는 사람들은 그들과 연락할 방법이 있을 것이다. 오랜만에 내 필요 때문에 연락한다고 부담스러워할 필요는 없다. 이직을 희망하는 사람과 헤드헌터는 서로에게 매우 필요한 존재이기 때문에 용건이 있을 때만 연락하는 것은 어찌 보면 당연한 일이다. 가끔씩 문자나 메신저, 또는 전화로 연락해서 요즘 채용 시장은 어떠한지, 내가 속한 경력 연수나 직무 담당자들의 이직 상황은 어떤지 물어보고 대화를 나누는 것은 이직 활동을 하는 데 매우 유용한 행동이다.

헤드헌터 입장에서는 능력 있고 괜찮은 사람을 알고 있다는 것은 일종의 자산이다. 나중에 그 사람과 적합한 채용을 진행할 때 그 사람을 직접 회사에 추천할 수도 있고 주변에 관심 있는 사람을 추천받을 수도 있기 때문이다. 반대로 이직하고자 하는 사람 입장에서도 신뢰를 주는 믿을 만한 헤드헌터를 알고 있는 것이 상당한 도움이 될 수 있다. 내가 다른 곳에 지원할 때 생길 수 있는 궁금증을 풀어줄 수도 있고 채용 포지션에 추천해줄 수도 있기 때문이다.

국내 기계 장비 제조회사에서 품질 관련 엔지니어로 근무하고 있는 K씨는 3년 전 헤드헌터 A씨를 통해 이 회사에 입사했다. 기존 회사보다 규모도 커지고 연봉도 올랐기 때문에 나름 성공적인 이직이라 생각했다. 이직 과정을 거치면서 A씨와 개인적인 친분도 생기게 되어 명절이나 연말 연초에는 서로 인사말과 덕담을 주고받는 사이가 되었다.

그러던 중 K씨는 지인으로부터 좀 더 좋은 조건으로 다른 회사로 이직을 제안받게 되었다. K씨는 이 제안에 대해 A씨와 상의했는데 알고 보니 A씨가 최근에 입사시킨 사람이 그 회사 출신이어서 회사에 대한 정보를 들을 수 있었다. K씨가 제시받은 팀은 최근 6개월 내에 퇴사자가 세 명이나 될 정도로 불안정한 조직이며 특히 팀장에 대한 평판이 좋지 않다는 내용이었다. A씨가 알려준 덕분에 K씨는 이직하지 않기로 결정했다.

헤드헌터와 이직을 진행할 때의 장점

일반적으로 기업에서 원하는 가장 적합한 인재를 구하고 싶을 때 헤드헌터를 통해 지원자를 받는다. 이때 기업뿐만 아니라 지원자 또한 헤드헌터와 함께 이직을 준비할 때 좋은 점들이 많다. 우선 포지션에 대한 핵심적인 조언과 추가 정보 전달이 가능하다. 이직은 스펙이나 자격증, 재직 회사와 같은 외부적인 요인과 후보자 개인의 적극적인 이직 의사 외에도 다양한 요인으로 결과가 결정된다. 그러므로 지원하는 회사의 정보와 상세 내용을 알게 되면 이직 과정에서 유리한 위치를 차지할 수 있다. 예를 들어 면접관으로 어떤 사람이 나오는지, 채용하는 포지션은 결원인지, 충원인지, 어떤 이유로 이 포지션을 채용하는지에 대한 정보를 알 수 있다.

물론 채용 기업에서 공개하지 않는 정보는 헤드헌터 입장에서 알 수 없지만 채용 공고만을 보고 지원하는 사람에 비해서 상당한 정보를 추가적으로 얻을 수 있는 점은 분명한 장점이다. 또한 직접 문의하기 애매한 부분에 대해서도 헤드헌터를 통해 회사 측에 알아볼 수 있다.

잡 포털이나 소셜 미디어에 올라온 채용 공고 이외에 헤드헌터에게만 공개되는 포지션이 있다. 예를 들어 회사에서 신규 사업을 추진하는데 외부에 공개하지 않고 필요한 인력을 채용하는 경우, 현재 일하고 있는 사람이 조직 생활에 문제가 있어서 조만간 다른 사람으로 교체해야 할 경우, 계약 기간은 남았지만 추가 연장 계약을 맺을 생각이 없는 경우들이 있다. 이런 경우에는 공개적으로 채용 공고를 올릴 수 없어서 헤드헌터에게 의뢰하게 된다. 당연히 비공개로 진행하기 때문에 지원자가 직접 지원하는 것은 불가능하다.

헤드헌터를 통해 지원하게 되면 서류 심사 단계에서 다른 일반 지원자에 비해 주목을 받을 수 있다. 채용 공고에는 성별이나 나이와 같은 조건에 대해서 공개적으로 게시하기 어렵기 때문에 기본적인 자격 조건 위주로 올리게 된다. 그러므로 그 포지션의 기준에 적합하지 않은 사람들이 많이 지원하기도 한다. 하지만 실제 경력직 채용 과정을 보면 공고에 나와 있지 않지만 헤드헌터에게만 알려주는 조건들이 존재한다. 예를 들어 나이는 몇 년생 이하, 선호하는 성별, 재직 회사는 최소한 중견기업 이상 등과 같은 숨겨진 조건들이 존재한다. 그러므로 이런 조건들을 잘 알고 있는 헤드헌터에게 연락이 온다면 서류 합격률이 올라간다는 의미다.

이커머스 기업에서 MD로 근무하는 5년 차 대리 Y씨는 평소 가고 싶었던 기업에 헤드헌터를 통해 지원해서 서류 합격 후 1차 면접을 앞두고 있었다. 오랜만에 보는 면접이라 상당히 부담스러웠는데 담당 헤드헌터로부터 면접 관련 중요한 팁을 얻게 되었다. 그 헤드헌터는 면접관인 팀장을 입사시킨 사람으로 면접관의 성향을 잘 파악하고 있었다. 팀장이 특히 손익관리와 해외 브랜드 발굴에 관심이 많다는 내용을 면접 전에 알려줘서 그 부분을 중점적으로 공략해서 2차 면접에 갈 수 있었다. 물론 Y씨의 능력이 좋아서 합격한 것이지만 사전에 정보를 알고 있는 것과 그렇지 않은 것은 면접에 임하는 자신감 면에서도 차이가 있었다.

헤드헌터와 함께 이직 첫걸음 떼기

헤드헌터로부터 이직 제안을 받게 되었다면

이직 활동 중에 헤드헌터로부터 전화 또는 메일로 포지션 제의를 받게 된다면 어떻게 하는 것이 이직 확률을 높이고 내가 원하는 성공적인 이직을 할 수 있을까? 본인이 이직 의사가 확고하다면 다음과 같은 행동을 취하길 바란다.

먼저 전화를 받았을 경우 전화를 받은 장소가 회사이거나 다른 사람과 같이 있어서 통화가 어려운 상황이라면 짧게 간단히 하기보다는 통화 가능 시간을 알려주거나 언제쯤 전화를 하겠다고 해서 시간적 여유를 가지고 통화하는 것이 좋다. 헤드헌터가 어떤 포지션을 제안하는 경우에는 그 사람이 포지션에 적합하다고 판단하는 경우도 있지만 잡 포털에 공개된 이력서만으로는 조금 부족해서 몇 가지 사항을 확인하고자 하는 경우도 많다. 적합한 경우라면 메일만으로 충분히 진행할 수 있지만 경우에 따라서 포지션에 대한 상세 정보를 공개하지 않을 수도 있기 때문에 메일에 본인이 생각하는 것만큼 충분한 내용이 담겨 있지 않을 수도 있다. 그러므로 이직을 하고자 할 때는 가급적 충분한 시간을 가지고 통화하는 것을 추천한다. 헤드헌터와의 통화는 그 포지션 이외에 다른 자리도 있는지, 현재 채용 시장은 어떻게 돌아가고 있는지와 같이 다양한 정보를 얻을 유용한 기회다.

통화로 이야기를 나눌 때는 확실하게 이직 의사를 가지고 있다는 것을 헤드헌터에게 전달해야 한다. 헤드헌터들이 가장 좋아하는 사람이 바로 이직하고 싶은 사람이다. 이 사람들은 막연하게 이직하면 좋겠다고 생각하는 것이 아니라 이직 시장에 대해 조사도 하는 적극적인 태도를 가지고 있어서 대화를 진행하기 쉽기 때문이다.

그리고 헤드헌터가 지금 진행하는 포지션 이외에 다른 포지션을 추천할 수도 있기 때문에 여러모로 이직하려는 사람에게는 도움이 된다. 좋은 데 있으면 가려고 하는 사람보다는 좋은 곳을 찾아서 옮기려고 하는 사람과 일하고 싶은 것이 헤드헌터의 마음이며 그런 사람에게 조금 더 시간과 노력을 기울이기 마련이다.

적극적으로 소통하라

헤드헌터와 이야기하다 보면 제안받은 자리가 본인이 원하는 자리가 아닐 수 있다. 그럴 때 그 자리는 지원하지 않겠다는 의사 표시를 하는 것도 중요하다. 확실하게 의사소통이 되어야 지원자와 헤드헌터 둘 다 필요없는 에너지 소모를 막을 수 있기 때문이다. 그다음 자신이 원하는 이직의 조건에 대해 최대한 구체적으로 이야기하라. 원하는 연봉과 기업, 출근 가능 지역 등과 같이 자세한 정보를 헤드헌터에게 전달하는 것이 필요하다. 헤드헌터가 하나의 포지션만을 진행하는 경우는 거의 없다. 최소한 네다섯 개 포지션을 동시에 진행한다. 그러므로 자신에게 적합한 포지션에 대한 정보를 받을 수도 있다.

외국계 기계부품 회사의 품질관리팀장 포지션을 진행했던 적이 있다. 업무에 적합한 사람을 찾았는데 근무 지역이 맞지 않았다. 채용 기업의 근무지는 충북 지역인데 현재 근무하는 회사는 경기도에 위치해서 거리상 문제로 지원하지 않기로 했다. 이직 의사도 있고 경력도 좋고 무엇보다 대화하는 매너가 좋은 사람이었다. 나중에 더 적합한 포지션을 제안하기로 하고 이런저런 이야기를 나누던 중에 본가가 창원인데 부모님이 연로하셔서 가능하면 그쪽으로 내려갈 기회를 찾는다는 사실을 알게 되었다. 다만 그쪽 지역의 회사들은 지금보다 연봉이 높지 않아서 제안받은 적은 있지만 실제로 지원한 적은 없다고 했다.

그때 동료 헤드헌터가 창녕에 있는 외국계 부품사의 품질관리팀장 포지션을 진행하고 있던 것이 생각나서 연결해줬다. 그 결과 이직해서 현재 4년째 근무 중이다. 만약 이 사람과 메일로 소통했다면 이런 내용을 알기 어려웠을 것이고 적합한 자리를 제안하지도 못했을 것이다.

헤드헌터와 적극적으로 소통하라. 내가 궁금해하고 있던 질문에 대한 답을 찾을 수 있다. 현재 내가 근무하는 회사의 분위기를 외부 사람의 시각을 통해 알아볼 수도 있고, 다른 회사는 어떤 포지션을 채용하고 주로 어떤 직무를 담당하고 있는 사람들이 선호도가 높은지에 대한 이야기를 들을 수 있다. 이런 정보를 바탕으로 자신이 가고자 하는 커리어 개발 방향과 이직 목표를 현실적으로 설정하는 데 도움이 될 것이다. 그렇게 되면 당연히 성공적으로 이직할 가능성이 커진다.

전문 분야는 주도적으로 헤드헌터와 협업하라

대부분의 헤드헌터는 고객사 위주로 일을 하고 있다. 각자 전문 분야가 있다고들 하지만 실제로 제약이나 의료같이 특수한 분야를 제외하고는 다양한 직무의 사람을 추천한다. 나 역시 제조업부터 핀테크 회사까지 여러 산업의 회사들과 일하고 있다. 이직할 때에 내가 지원할 회사에 대한 정보는 분명히 그 포지션을 진행하는 헤드헌터가 많이 알고 있을 것이다. 게다가 헤드헌터가 그 회사와 오랫동안 협력 관계였다면 더욱 그러하다. 그러나 직무 내용에 관련해서는 그렇지 않은 경우도 다수 있다.

예를 들어 기술 분야의 엔지니어, 기계설계, 유압설비, 토목, 정보보안같이 전문적인 분야는 그 직무에 종사하지 않는 사람인 경우 내용을 정확하게 파악하기 어렵다. 게다가 그 직무에서 주로 사용하는 약자가 많은 경우 더욱 어렵다. 담당 헤드헌터로서 당연히 포지션에 대한 자료 조사와 공부를 한다 해도 부족한 점이 있을 수 밖에 없다.

이런 경우 본인의 업무 경력이 이 포지션에 적합한지 아닌지를 직접 판단하는 것이 더 정확하다. 그리고 문의 사항이 있다면 헤드헌터에게 메일을 보내라. 업무에 대한 전문적인 지식을 보유하고 있는 후보자로 인식될 것이며 직무 관련 질문이 적절하다고 채용 기업에서 판단한다면 당신에 대해 호감도가 올라갈 것이다. 다음은 한 자동차회사의 채용 공고다.

- Understanding of in-vehicle communication protocols like CAN, LIN, or Flex-ray
- Analysis and optimization with FEA
- Knowledge of Vector CAN test tool(CANoe, CANalyzer…)
- Understanding of electrical simulation tool like Saber, Mentor graphic
- Programming proficiency in C, C++, MATLAB, Simulink

일반인으로서는 이 채용 공고를 보고 어떤 역량과 기술을 가진 사람을 구하는 것인지 알아차리기 힘들다. 이는 아무리 경력이 오래된 헤드헌터일지라도 마찬가지다. 유사한 직무의 경력자를 연결해본 적이 없다면 쉽게 파악하기 힘든 전문 영역이기 때문이다. 이때는 지원자가 긴밀하게 헤드헌터에게 구체적인 업무 브리핑을 하면서 서로 협업해야 합격이라는 결과를 만들어낼 수 있다.

헤드헌터는 포장할 수 있지만 만들 수는 없다

자신의 경력에 대해 가장 확실하고 정확하게 알고 있는 사람은 본인이다. 그러므로 경력기술서를 작성할 수 있는 사람은 자기 자신이다. 헤드헌터는 그렇게 작성된 경력기술서가 가독성이 좋은지, 핵심역량은 잘 드러나게 작성되었는지와 같은 부분에 대해 조언해줄 뿐이다.

가끔 경력기술서를 검토할 때 경력 연수에 비해서 업무 내용이 너무 적어서 추가적인 보완을 요청하는 경우가 있다. 그런 경우 대신 내용을 채워달라는 후보자도 있다. 원래 그렇게 해주는 것 아니냐며 요즘 너무 바쁘니 일단 그대로 지원해달라고, 떨어져도 괜찮다고 이야기를 해서 순간 당황했던 적이 있다. 믿기 어렵겠지만 실제 겪었던 사례다.

기업에서 헤드헌팅 서비스를 사용하는 것은 자신들의 일을 줄이기 위해서다. 헤드헌터가 기업에 부실한 이력서를 보내면 그 헤드헌터에 대한 신뢰도가 하락할 가능성이 매우 크다. 이런 경우에는 헤드헌터가 위험을 무릅쓰고 위와 같은 지원자를 추천하려고 하지 않을 것이다.

이직은 자신의 경력을 좌우할 중요한 일이다. 그렇게 중요한 과정을 진행함에 있어서 아무리 업무가 바쁘다고 하지만 그 정도 시간과 노력을 기울이는 것은 어찌 보면 당연한 부분이다. 헤드헌터가 메이크업을 하는 범위는 양식을 맞추고 맞춤법과 오탈자를 확인하는 정도지 실제 업무 내용에 대해서는 수정하지 않는다. 수정해서도 안 된다. 만약 수정해야 하는 부분이 있다면 당사자와 사전에 협의해서 고쳐야 한다. 그래야 나중에 문제가 생기지 않는다. 내가 제출한 경력기술서의 내용과 회사가 알고 있는 내용이 다르다면 면접에서 어떤 일이 벌어지겠는가!

경력기술서와 자기소개서는 내가 작성한 다음 조언을 구하는 것이 맞다. 그런 다음 경력 세부 사항은 어떻게 작성하는 것이 좋은지, 자신의 경력 중에 어떤 부분을 드러내는 것이 유리한지, 핵심역량은 이런 내용으로 이 정도 분량이면 적당한지에 대해서 헤드헌터로부터 조언을 얻을 수 있을 것이다.

회사 지원할 때 잡 포털 이력서는 금지다

헤드헌터에게 포지션을 제안받고 지원하기로 결정했다면 자신의 경력기술서를 보내게 된다. 가끔 경력기술서를 받아보면 잡 포털에 올려놓은 이력서를 그대로 다운로드받아 제출하는 경우가 있다. 채용 관련 업무를 하는 사람들은 양식만 봐도 어느 사이트인지 알 수 있다. 그러므로 이것을 그대로 제출하게 되면 심사 과정에서 소위 말해 '성의가 부족하다'라는 인상을 주게 되어 좋지 않은 결과를 얻게 될 확률이 높아진다. 꼼꼼하게 수정하고 깔끔한 양식에 작성되어도 서류 통과 여부를 장담할 수 없는 상황에서 잡 포털용 양식을 사용한 이력서는 좋은 평가를 받지 못한다. 그러므로 헤드헌터에게 이력서를 전달하려면, 자율 양식으로 만들어 보내는 것이 좋다. 양식이 따로 없다면 헤드헌터로부터 사용하는 양식을 받아서 작성한 다음 보내면 된다.

이때 이력서를 PDF 파일로 변환해서 보내는 사람들이 있다. 자신의 경력기술서를 헤드헌터 임의로 수정하는 것을 방지하기 위한 목적이라고 이야기한다. 하지만 가능하다면 수정이 가능한 워드 파일로 보내는 것이 좋다. 회사마다 지정된 추천 양식이 있을 수도 있고 헤드헌터가 가독성을 높이기 위해 글꼴이나 줄 맞춤 등 양식 관련 작업을 해야 하기 때문이다. 이런 작업을 하게 되면 조금이라도 경력기술서의 가독성이 좋아질 수 있다.

이런 헤드헌터라면 친하게 지내자

잡 포털에 이력서를 올려놓으면 헤드헌터로부터 제안을 받게 된다. 물론 어떤 헤드헌터가 보더라도 관심을 가질 만한 경력을 가지고 있거나 잘 작성된 경력기술서를 가지고 있다면 제안받는 횟수는 늘어나게 될 것이다.

헤드헌터들 중에서도 자신의 업무에 대해 전문적인 지식을 가지고 있으며 커리어에 대해 자신만의 인사이트를 가지고 있는 사람들도 많다. 그중에서 단순히 자신의 경제활동의 수단으로 헤드헌팅 업무를 하는 사람보다는 이직 파트너로서 책임감을 갖고 일하는 사람들을 만나는 것이 중요하다. 이런 사람들과는 지속적으로 연락을 하면서 지낸다면 커리어에 대한 고민이나 이직 관련 궁금증이 생길 때 도움을 받을 수 있다.

반드시 지원 결과에 대한 피드백을 주는 헤드헌터와 좋은 관계를 유지하기 바란다. 처음에 지원할 때에는 꼭 가고 싶어서 한 것은 아닐지라도 일단 지원하게 되면 결과에 대해 관심을 가질 수밖에 없다.

탈락 메일을 보냈을 때 '연락 주셔서 감사하다'라는 답변을 받으면 당연히 해야 할 일을 한 것에 대한 감사라 생각해서 조금 민망하기도 하다. 그 대신 그 후보자에게는 다음번에 다시 적합한 포지션을 제안하게 된다. 결과를 통보받는 데까지 오래 걸릴 수는 있다. 채용 기업에서 답변을 주지 않으면 임의로 할 수는 없기 때문이지만 그런 경우에는 그 상황을 후보자에게 전달해야 한다. 내 경험상 대부분의 사람들은 결과도 중요하지만 피드백을 받았다는 것에 대해 고마워했다.

헤드헌터도 다 같은 헤드헌터가 아니다

좋은 사람이 있다면 이와 반대되는 사람도 어쩔 수 없이 존재하기 마련이다. 헤드헌터도 마찬가지다.

탈락자들에게 따로 연락하지 않는 사람들이 있다. '진행한다는 연락이 없으면 떨어진 것으로 생각하겠지. 굳이 좋은 이야기도 아닌데 알려줄 필요가 있나?'라고 여기는 경우일 텐데, 이는 잘못된 생각이다. 누군가에게 제안을 했고 그 사람이 그 제안에 응해서 함께 과정을 진행한다면 결과에 대해 알려주는 것은 최소한의 의무라고 생각한다.

가끔 지원자를 가르치려 하는 헤드헌터들이 있다. 물론 지원자가 잘 알지 못하는 내용이 있다면 자세하게 알려주고 설명해줘야 하지만 설명하는 것과 가르치려는 것은 태도에서 차이가 있다.

실제로 이직해서 새로운 회사에서 근무하는 사람은 지원자 본인이다. 그러므로 헤드헌터가 상황에 대해 되도록 많은 정보를 전달하고 그 사람에게 유리한 방향으로 결정하도록 도와줄 수는 있지만 어떤 결정을 내리라고 강제해서는 안 된다. 왜냐하면 결국 어떤 선택을 하더라도 그 선택에 대한 책임은 이직 당사자가 져야 하기 때문이다.

특히 "잘 모르셔서 그러는데 이쪽이 원래 그렇습니다"라는 말을 하는 헤드헌터를 조심해야 한다. 파트너로 생각한다면 이런 말을 하지 않을 것이기 때문이다.

포기하지 마라,
더 좋은 이직 기회가 찾아온다

헤드헌터에게 갖는 흔한 오해

지금은 헤드헌터라는 직업이나 서치펌이 어떤 곳인지, 이직 과정이 어떻게 진행되는지 많은 사람이 알고 있지만 여전히 가끔씩 헤드헌터에게 제안을 받았다는 사실을 잘못 해석하는 사람들이 있다.

우선 헤드헌터로부터 제안을 받았다는 것은 채용 기업에서 원하는 직무 능력과 본인의 현재 업무가 어느 정도 일치한다는 것을 의미한다. 하지만 그것이 서류 합격을 의미하는 것은 아니다. 가끔 제안을 받고 경력기술서를 보낸 다음 면접은 언제쯤 잡히는지 물어보는 사람도 있다. 제안을 받았다고 지원해야 하는 것이 아닌 것처럼 지원했다고 해서 반드시 면접을 진행해야 하는 것도 아니다.

헤드헌터 입장에서 하나의 포지션에 한 명만 추천하는 경우는 많지 않다. 해당 기업에서도 복수로 지원자를 추천받길 원한다. 또한 서치펌을 한 곳만 사용하는 기업은 거의 없기 때문에 내가 어떤 헤드헌터에게 이력서를 전달한다고 해도 나는 여러 명의 지원자 중 한 명일 확률이 매우 높다.

이 경쟁 구도라는 것을 인식하고 있는 사람과 그렇지 않은 사람은 이직 과정을 대하는 태도가 확연히 다르다. 다른 기업에 보냈던 이력서를 그대로 보내지 말고 헤드헌터로부터 해당 포지션과 회사에 대한 정보를 수집한 다음 그에 적합하게 수정해서 보내야 한다. 이런 노력은 경쟁 구도에서 앞설 수 있는 필수 요소다.

탈락은 과정일 뿐 다음을 준비하라

지원 기업으로부터 탈락 소식을 듣게 되면 기분 좋은 일은 분명 아니다. 특히 서류 심사에서 탈락하는 사람보다 면접에서 탈락하는 사람이 조금 더 아쉬워하는 경우가 많다. 서류 심사를 받기 위해서는 작성해놓은 경력기술서를 보내면 과정을 마무리할 수 있지만 면접은 때에 따라서 연차나 반차를 사용해서 준비하고 진행했기 때문일 것이다.

면접 탈락 소식을 전하면 대부분의 사람들은 고생하셨다는 말과 함께 다음에 좋은 자리가 있으면 연락 달라며 마무리하지만 가끔 결과에 대해 받아들이지 못하겠다며 불쾌한 감정을 드러내는 사람도 있다. 헤드헌터 입장에서 어느 정도 이해가 가는 부분이긴

하다. 본인은 면접을 잘 봤다고 생각했는데 반대의 결과가 나오니 이해할 수 없다는 입장을 보일 수도 있다.

면접 결과는 이직 과정의 일부분이다. 결과가 아쉬울 수 있지만 쿨하게 받아들이고자 노력하고 앞으로 어떻게 하는 것이 좋을지 생각하는 것이 필요하다. 그리고 헤드헌터에게 그동안 고생했다는 이야기를 하는 것이 필요하다. 이런 사람이라면 다른 기업에 추천해도 괜찮을 거라는 인식을 헤드헌터에게 심어줘야 한다. 탈락한 것은 현재 결과지만 앞으로 지금보다 더 좋은 포지션이 나올 수도 있다. 그때 다시 당신에게 가장 먼저 연락할 수 있도록 헤드헌터와 친밀한 관계를 유지하려는 노력이 필요하다.

헤드헌터가 답할 수 없는 부분을 요구하지 말자

지원 결과에 대해 본인이 납득하지 못하는 경우가 있다. 탈락 이유에 대해 헤드헌터에게 답변을 요구하고 당연히 들어야 한다고 생각하는 사람들이 있다. 헤드헌터는 채용 기업으로부터 의뢰를 받아서 능력 있는 사람을 기업에 추천하는 중간자 입장이다. 추천 인원을 선별하는 결정권을 가지고 있지만 일단 기업에 추천한 다음의 결과에 대해서는 전달만 하는 입장이다. 그러므로 결과에 대한 정확한 이유에 대해서 기업으로부터 전달받지 못하면 헤드헌터 역시 지원자에게 알려줄 수 없다.

지원자 입장에서는 탈락한 결과에 대한 피드백을 받아야 나중에 다른 곳에 지원할 때 도움이 될 수 있고 보완할 수 있어서 알고 싶겠지만 현실적으로 탈락 사유에 대한 피드백을 자세하게 알려주는 기업은 많지 않다. 최소한 결과에 대한 피드백을 주는 것은 헤드헌터의 의무라고 생각하며 나 역시 반드시 그렇게 하고 있지만 이유에 대한 답변을 항상 전달할 수 있는 것은 아니다.

유명 이커머스 기업에서 인사 담당자로 근무 중인 E 대리는 최근 뜨고 있는 스타트업에 헤드헌터를 통해 지원했다. 본인이 생각하기에 자격 요건이나 업무 경력이 잘 맞아서 좋은 결과를 얻을 거라 생각했는데 면접 이후 불합격 통보를 받았다. 탈락 사유에 대해 헤드헌터에게 문의했으나 헤드헌터 역시 이유는 전달받지 못했고 다만 조직과 잘 맞지 않는다는 이야기만 들었다고 전달했다. E 대리는 이 내용이 정확하게 무슨 의미인지 알아야겠다고 하며 지속적으로 헤드헌터에게 연락해서 답변을 요구하면서 헤드헌터와 감정의 골이 깊어졌고 결국 아무런 답변을 들을 수 없었다.

헤드헌터 입장에서는 당연히 이유에 대해 이야기해주고 싶을 것이다. 그리고 서류 심사 결과에 대해서는 어느 정도 피드백을 줄 수 있지만 면접 결과에 대한 피드백은 기업으로부터 전달받은 내용이 없다면 말을 꾸며서 해줄 수는 없기 때문에 어찌할 방도가 없는 것도 사실이다.

만약 나중에 유사한 채용이 진행될 때 헤드헌터가 E 대리에게 연락을 할까? 답을 줄 수 없는 사람에게 무리하게 답변을 요구하다가 미래의 기회를 놓치기보다 다음 기회를 기약하는 것이 훨씬 효과적인 행동이라 생각한다.

헤드헌터를 파트너로 대우하라

외국계 주류회사의 파이낸스 매니저로 근무하는 D씨는 국내 중견 핀테크 회사의 파이낸스 매니저에 지원했다. 이 회사는 회계 부문 업무 경험뿐만 아니라 FP&A(재무 기획 및 분석) 경력을 갖춘 사람을 찾고 있었는데 아쉽게도 D씨는 1차 면접에서 탈락했다. FP&A 경력이 약하다는 이유였다.

헤드헌터로서 탈락을 통보하는 것은 달갑지 않은 일이다. D씨는 그동안 고생했다며 다음에 좋은 자리 있으면 알려달라는 메시지와 함께 소정의 선물 쿠폰을 보내왔다. 나는 주변 헤드헌터들에게 외국계 파이낸스 매니저 포지션이 있으면 꼭 알려달라고 이야기했고 몇 개월 후에 외국계 교육기업의 파이낸스 매니저에 추천해서 상당한 연봉 상승과 함께 아이들의 교육비까지 지원받으면서 이직에 성공했다.

물론 D씨가 선물을 보내지 않았어도 적합한 포지션을 알게 되면 추천했을 것이다. 하지만 이직을 위한 파트너로서 나를 대했기 때문에 조금 더 내가 적극적으로 자리를 알아보게 된 것도 사실이다.

경력직 면접은 분명히 나 이외의 경쟁자가 존재한다. 나와 비슷한 사람이 있다는 사실을 인지하고 있는 것만으로 어떻게 보면 결과를 받아들이는 데 좀 수월할 수 있다. 내 능력이 모자라서 탈락한 것이 아니라 나보다 조금 더 그 포지션에 적합한 사람이 있기 때문이라고 생각해야 한다. 그래야 지치지 않고 이직 활동을 지속할 수 있다.

Q&A

이직할 때 이런 것이 궁금해요!

사장 빼고는 다 마음에 드는데 이직할까요, 말까요?

어느 정도 규모가 있는 회사에 다니면서 임원급이 아니라면 사장, 즉 대표이사와 만날 일은 거의 없다. 아마 면접할 때 만나본 것이 처음이자 마지막일 것이다. 사장이 맘에 들지 않는다는 말을 한다면 중소기업이나 스타트업에 다니고 있을 확률이 높다. 조직 인원이 적기 때문에 바로 직속 상사가 있더라도 대표와 직접 부딪힐 일이 많기 때문이다.

대표이사와 맞지 않는다면 오래 다니는 것이 쉽지 않을 수 있다. 회사의 최고 결정권자와 각을 세운다면 버티기 어렵고 굳이 그렇게까지 버틸 이유도 없다. 진짜 맘에 안 든다면 천천히 이직을 준비하는 편이 낫다. 다만 가능하면 옮길 회사가 정해진 다음 퇴사하길 바란다. 퇴사하고 싶은 마음에 급하게 이직할 회사를 선택해서는 안 된다. 지금보다 상황이 더 악화될 수 있다.

어떻게 하면 그 회사의 조직문화를 알아볼 수 있나요?

한 회사의 조직문화는 그 회사를 다니는 사람도 어느 정도 기간이 지나야 알 수 있기 때문에 이직하려는 사람이 파악하기는 쉽지 않다. 다만 이직 과정을 거치면서 그 회사 인사채용팀 담당자나 면접관이 지원자를 대하는 태도를 보면 대략적으로는 알 수 있다. 아직 입사하지 않은 사람에 대한 존중이 없다면 같은 팀원으로서도 존중받을 가능성이 높지 않다. 면접 일정 조율할 때, 실제 면접을 위해 회사를 방문했을 때 담당자의 태도와 면접 진행 과정에서 보여주는 면접관의 모습을 통해 간접적으로 파악하는 것이 가능하다. 실제로 많은 사람들이 채용 과정을 통해 훨씬 더 입사하고 싶어 하는 회사인지 가고 싶지 않은 회사인지가 판가름난다고 했다.

정말 가고 싶은 회사를 찾았는데 채용 공고가 없어요. 방법이 없을까요?

우선 가고 싶은 회사의 채용 홈페이지에 자신의 경력을 등록하는 것이 좋다. 현재는 채용 계획이 없지만 나중에 채용하게 된다면 채용팀은 자사 홈페이지에 등록된 인원을 먼저 확인하기 때문이다.

링크드인을 이용해서 목표로 하고 있는 회사의 채용팀과 1촌을 맺은 다음 채용 계획에 대한 문의를 하는 것도 좋은 방법이다. 입사 의지를 보여줄 수 있고 계획에 없더라도 당신의 경력이 필요한 포지션이 있다면 먼저 연락을 줄 수도 있다.

정량적이지 않은 업무를 맡고 있습니다. 몸값을 어떻게 책정하고 협상해야 하나요?

영업이나 마케팅과 같이 자신의 성과를 명확하게 나타낼 수 있는 업무와 달리 일반 지원 업무는 성과를 소위 말하는 숫자로 표기하기에는 어려움이 있다. 이럴 때에는 재직 회사의 규모를 연결하는 방법을 사용하면 좋다. 인사팀의 경우 사원 수나 사업장의 규모가 업무 능력을 대변하는 좋은 지표가 된다. 회계, 재무팀이라면 회사의 매출액이나 관련 프로젝트의 규모를 쓰는 것이 좋다.

스타트업에 관심이 많습니다. 좋은 스타트업은 어떻게 알 수 있을까요?

스타트업으로 이직하려는 이유는 본인이 도전 의식이 있고 회사가 제대로 성장했을 때 얻을 수 있는 반대급부가 크기 때문일 것이다. 반대로 리스크도 크다. 아직 완전히 자리 잡지 못했기 때문에 문을 닫는 기업들도 상당히 많다. 자신이 다녔던 회사가 경영 악화로 문을 닫는 경험은 트라우마로 남을 만큼 좋은 경험이 아니기 때문이다. 좋은 스타트업은 여러 가지 기준에 따라 달라지겠지만 성장 가능성을 본다면 투자 단계를 확인해서 판단하는 것이 좋다.

스타트업의 투자 단계는 시드 머니 투자, 시리즈 A, 시리즈 B, 시리즈 C, D 정도로 구분할 수 있다. 시드 머니 투자 구간은 아이디어를 내서 창업을 준비하는 구간, 시리즈 A를 받으면 창업, 시리즈 B는 회사의 규모도 어느 정도 성장했고 시장에 성공적으로 진입한 단계다. 빌드 업을 통해 한 단계 성장하기 위해 공격적인 개발 투자와 인력 확충, 적극적인 마케팅을 하는 시기이므로 채용이 활발하게 일어나는 시기다.

시리즈 C, D는 이미 사람들에게 많이 알려진 유명 기업이 된 경우다. 안정적인 회사 생활을 하고 싶다면 최소한 회사가 시리즈 C, D를 받은 곳으로 가면 된다. 다만 이 경우 완성형 회사이므로 지원자들도 대기업 출신이나 능력자들이 많이 오기 때문에 대기업보다 들어가기가 어려울 수 있다. 정말 업무가 많지만 회사가 성장하는 과정을 지켜보면서 성장하길 원한다면 시리즈 B인 기업으로 입사하는 것도 충분히 도전해볼 만한 가치가 있다.

북큐레이션 • 4차 산업혁명 시대를 주도하는 이들을 위한 라온북의 책

《이직 혁명》과 함께 읽으면 좋을 책. 기존의 공식이 통하지 않는 급변의 시대, 남보다 한발 앞서 미래를 준비하는 사람이 주인공이 됩니다.

RPA 레볼루션

김인수 지음 | 16,000원

'업무 자동화' RPA와 함께 바쁘기만 한 반복적 업무에서 자유하라!

RPA는 과거의 사무 업무를 최첨단 사무 업무로 혁신시킬 수 있다는 점에서 많은 주목을 받고 있다. 이 책은 RPA를 왜 도입해야 하는지, 업무에 어떤 변화들을 가져오는지에 대해 가장 명확하게 설명한다. 실제 사례를 통해 RPA가 어떤 효과를 가져오고 기업에서는 RPA를 어떻게 도입해야 하는지 그리고 도입한 이후에는 어떻게 운영 관리를 해야 더 획기적으로 사용할 수 있는지를 명확하게 설명한다. 또한 가장 실용도가 높은 RPA 프로그램인 '유아이패스', '에이웍스', '파워 오토메이트'의 특장점과 이를 따라 해볼 수 있는 구체적인 사용법도 담았다.

매출 올리는 데이터 사이언티스트

김도환 지음 | 16,000원

데이터 사이언티스트의 차이는 데이터의 의미를 읽고 해석할 줄 아는 능력에 있다

이 책은 현업에서 일하고 있는 저자의 실제 사례와 자료 조사를 통해 기업이 진정으로 원하는 데이터 사이언티스트에 대해 전반적으로 다룬다. 또한 기업이 데이터 사이언티스트와 협력하기 위해 기본적으로 알아야 할 AI에 대한 지식과 활용법, 비즈니스를 성공적으로 이끄는 유능한 데이터 사이언티스트의 핵심역량도 담고 있다. 비즈니스 현장에서 인정받는 전문가가 되고 싶다면, 넘쳐나는 데이터 속에서 고객의 핵심 니즈를 캐내는 유능한 직원이 필요하다면 이 책을 놓치않길 바란다.

스마트오피스 레볼루션

김한 지음 | 15,800원

10년 후에도 우리 회사가 살아남으려면?
스마트한 인재가 모이는 스마트오피스가 답이다!

예측하기 힘든 4차 산업의 혁명기 속에서 기업이 생존하려면 무엇이 필요할까? 바로 스마트한 인재(스마트 워커)다. 그들을 어디에서 찾냐고? 생각보다 어렵지 않다. 우리가 찾는 대신 그들이 우리 기업으로 오게끔 하면 된다. 이 책은 4차 산업 혁명 시대의 큰 물결 앞에서 경쟁력 확보를 원하는 기업에게 공간의 힘을 기반으로 한 기업문화 혁신 모델을 제시한다. 재택근무와 화상회의, 자율좌석제 도입을 넘어서 10배 생산성을 가진 스마트피플이 마음껏 일하고 AI, 로봇과 함께 일하도록 기업 업무 환경에 혁신을 일으키는 방식을 제안한다.

애프터 코로나 비즈니스 4.0

선원규 지음 | 18,000원

강력한 생태계를 만들어가는 플랫폼 사이에서
생존하는 콘텐츠를 발견하라!

앞으로의 미래 시장에서 살아남으려면 플랫폼과 콘텐츠 중에서 어떤 것에 중점을 두어야 할까? 이 책은 이 문제에 대해 해결점을 찾아갈 수 있도록 플랫폼과 콘텐츠를 자세히 다루고 있다. 현 사회와 플랫폼과 콘텐츠의 상관관계를 이야기하며 플랫폼과 콘텐츠 사업모델의 다양한 종류를 소개한다. 또한 어떻게 해야 강력한 플랫폼과 콘텐츠를 만들 수 있을지 그 전략을 설명하며 앞으로의 미래 시장의 전망을 다루고 있다. 이 책을 통해 수많은 콘텐츠가 유입되는 사랑받는 플랫폼, 플랫폼의 러브콜을 받는 콘텐츠를 개발할 수 있을 것이다.